당신은 타인을 바꿀 수 없다

나와 생각이 다른 사람을 '적'이 아닌 '내 편'으로 만드는 법

코르넬리아 슈바르츠·슈테판 슈바르츠 지음 | 서유리 옮김

당신은 타인을 바꿀 수 없다

📖 동양북스

일러두기
본문에 등장하는 '미러링(mirroring)'은 대화를 할 때 상대방의 표정과 자세 또는 특유의 제스처 등을 모방함으로써 심리적 공감대를 형성하는 행위를 뜻한다. 상대방의 행동과 발언을 의도적으로 모방해 가해와 피해의 처지를 전복시키는 행위를 일컫는 '미러링'과는 별개의 개념이다.

만약 누군가를 당신의 편으로 만들고 싶다면,
먼저 당신이 그의 진정한 친구임을 확신시켜라.

＿ 에이브러햄 링컨

들어가는 말

생각이 다르다고 모두가 '적'이 되는 것은 아니다 ································· 012

| CHAPTER 1 |
"저 사람은 도대체 내 말을 듣고 있는 걸까?"
당신의 말이 타인에게 통하지 않는 진짜 이유

우리는 서로 다른 세계에서 말하고 있다 ································· 021
감정적 안식처를 갈망하는 사람들 ································· 026
함께 울고 웃는 공감 세포, 거울 뉴런 ································· 031
사람들이 타고난 공감 능력을 상실한 이유 ································· 035
공감 능력도 훈련하면 향상될까? ································· 041
미러링, 원하는 것을 자연스럽게 얻는 법 ································· 046

| CHAPTER 2 |
"설득하지 말고, 그냥 공감하라"
설득하지 않으면서 원하는 것을 단숨에 얻는 법

먼저 공감하는 사람이 마지막에 웃는다 ·············· 055

부드럽게 마음의 벽을 허무는 7가지 자세 ·············· 060

말의 내용보다 중요한 것, 관계 ·············· 067

이해할 수 없어도 존중할 수는 있다 ·············· 073

승자 없는 싸움에서 벗어나는 법 ·············· 078

우연에 기대지 말고 계산적으로 대화하라 ·············· 086

| CHAPTER 3 |
"관계의 주도권을 잡으려면 먼저 경청하라"
타인의 생각과 욕망을 알아내기 위한 기본 자세

잘 들어야 상대방을 제대로 파악할 수 있다 ·············· 099

자세 1 대화 상대의 욕구를 파악하고 집중하라 ·············· 101

자세 2 상대방의 입장에서 구체적으로 질문하라 ·············· 107

자세 3 상대방이 감정을 충분히 표현하게 하라 ················ 113

자세 4 공감을 원하는 사람에게 의견을 말하지 마라 ·············· 119

| CHAPTER 4 |

"말의 내용보다 중요한 말의 느낌"
목소리와 말투로 타인의 감정에 스며드는 법

목소리 톤만 바꿔도 대화는 180도 달라진다 ················ 127

전략 1 상대방의 말하기 방식을 따라 하라 ················ 129

전략 2 목소리로 감정과 상황을 파악하라 ················ 133

전략 3 당신의 목소리가 어떻게 들리는지 탐색하라 ·············· 138

전략 4 호흡과 목소리를 의식적으로 교정하라 ················ 143

| CHAPTER 5 |

"표정이 대화의 첫인상을 좌우한다"
표정과 신체 언어를 통한 본격적인 미러링

당신이 대화하는 모습을 거울로 본다면? ················ 151

전략 1 포커페이스는 의사소통의 적이다 ················· 153

전략 2 당신이 어떤 표정을 짓는지 파악하라 ············· 159

전략 3 외모가 아닌 표정을 관리하라 ···················· 163

전략 4 상대방과 나의 자세가 비대칭인지 확인하라 ········· 168

전략 5 표정과 신체 언어로 나의 이미지를 구축하라 ········ 174

전략 6 나와 다른 신체를 가진 사람에게 공감하는 법 ········ 179

| CHAPTER 6 |
"상대방이 원하는 단 하나만 던져라"
어떤 논리적인 설득보다 효과적인 가치관 미러링

의견이 달라도 공감은 가능하다 ······················· 187

전략 1 상대방이 중요하게 생각하는 가치를 언급하라 ········ 189

전략 2 상대방이 이성적인지 감성적인지 파악하라 ·········· 196

전략 3 상대방의 가치관을 판단할 수 있는 말에 집중하라 ······ 201

전략 4 설득하지 말고 스스로 움직이게 만들어라 ·········· 206

| CHAPTER 7 |

"사고의 흐름을 알면 대화가 쉽게 풀린다"
쓸데없는 갈등을 방지하는 사고 필터 미러링

사고 필터에 따라 대화 전략도 달라진다 ································· 213

전략 1 크기 필터 알아차리기 ································· 219

전략 2 방향 필터 알아차리기 ································· 225

전략 3 매칭 필터 알아차리기 ································· 230

전략 4 시간 지향 필터 알아차리기 ································· 235

| CHAPTER 8 |

"공감적 소통을 방해하는 5가지 상황"
의식적으로 대화 상황을 통제하는 법

의식적 소통과 무의식적 소통의 차이 ································· 243

상황 1 자꾸만 상대방을 가르치고 싶다면 ················· 251

상황 2 선입견 때문에 남을 믿지 못한다면 ················· 256

상황 3 그냥 혼자가 편하다고 생각한다면 ················· 264

상황 4 상대방의 주파수에 맞춰줄 기분이 아니라면 271

상황 5 갑자기 비난을 받아 당황스럽다면 279

| CHAPTER 9 |

"불편한 대화에서 벗어나는 5가지 무기"
대화 때문에 스트레스 받는 사람들을 위한 TIP

무기 1 스몰토크가 쉬워지는 칭찬 기술 293

무기 2 대화가 끊이지 않게 하는 질문 기술 298

무기 3 얼어붙은 분위기를 녹이는 화두 던지기 기술 304

무기 4 슬픔에 잠긴 친구를 위로하는 공감 기술 308

무기 5 상대할 가치가 없는 사람을 알아보는 기술 314

나가는 말 318

감사의 말 320

생각이 다르다고
모두가 '적'이 되는 것은 아니다

"내가 언제 그런 말을 했어?" "나는 그런 뜻으로 말한 게 아니야!" 이런 말들, 너무 익숙하지 않은가? 우리는 일상 속에서 수많은 대화를 하지만 제각기 딴소리를 하는 경우가 너무나 많다. 같은 언어를 사용하지만 마치 서로 다른 행성에 선 채로 대화를 나누는 것 같다. 사람들은 그렇게 서로 딴소리를 하다가 다툼이 일어나고 돌이킬 수 없을 만큼 사이가 나빠지기도 한다.

사람들은 대부분 매일 누군가와 부딪힌다. 배우자 혹은 연인과 다투고, 친구에게 실망하고, 자녀들을 야단치며, 마음이 맞지 않는 동료와 회의를 하다가 감정이 상하고, 말을 잘못 전달하여 중요한 고객을 화나게 만들거나, 도저히 이해할 수 없는 부모의 잔소리에 말대꾸를 한다. 아마 당신은 그들과 다음에는 부딪히지 말아야지 다짐하면서 결국 또다시 갈등을 반복하고 있을 것이다. 당신은 속으로 "왜 자꾸 내 말을 오해하지?"라고 생각하며 답답했을 것이다. 분명 당신은 싸우려던 게 아니라 자신의 생각을 밝히고 싶었을 뿐인데 말이다. 그럼에도 당신은 상대방과 대화하기보다 늘 다투는 기분일 것이다.

● ········· 상대방과 같은 주파수에서 대화하고 싶다면

주변 사람들과 조금 더 편안하게 대화하고 싶은가? 쓸데없는 갈등을 피하고 싶은가? 그렇다면 이 책을 잘 펼쳤다. 우리는 당신이 일상에서 만나는 사람들과 새로운 관계를 만드는 방법을 알려줄 것이다. 처음부터 오해와 다툼을 방지하는 대화법을 통해 당신은 연인과의 관계를 더 조화롭게 만들 수 있고, 의견이 다른 친구와 다투지 않을 수 있으며, 직장 동료와 상사를 당신 편으로 만들 수 있다. 또한 아무리 복잡한 상황도 당신이 원하는 대로 컨트롤할 수 있다.

이 대화법의 핵심은 상대방의 생각을 바꾸거나 자신의 의견을 어필하는 대신에 상대방과 눈높이를 맞추고 같은 주파수에서 대화하는 것이다. 그러기 위해서는 당신이 상대방의 시각으로 대화를 진행하고 있고, 상대방의 입장을 이해하고 있으며, 이 대화 자체를 중요하게 생각하고 있다는 신호를 조심스럽게 보내야 한다. 그럼 상대방은 당신에게 이해받고 있다고 느끼며 우호적인 태도로 대화에 점점 빠져들 것이다. 서로 의견이 다르더라도 유대감을 느낄 수 있으며 오해나 갈등 없이 조화롭게 소통할 수 있다.

●········· 세대와 가치관을 넘어 소통하는 법

우리는 오랫동안 기업을 대상으로 소통하는 법에 대해 상담을 했다. 이 경험을 바탕으로 개별 코칭에서도 좋은 성과를 이루었다. 우리가 앞으로 설명할 대화법의 핵심 전략은 심리학, 행동 연구, 신경생물학의 최신 연구를 바탕으로 고안해낸 '공감적 미러링(empathic mirroring)'이다.

공감적 미러링이란, 쉽게 말하면 당신의 입장을 제시하기 전에 우선 상대방의 생각과 느낌을 먼저 받아들이고, 있는 그대로 인정하는 것이다. 당신의 입장을 상대방과 동일시하라는 뜻이 아니다. 어차피 당신도, 상대방도 쉽게 바뀔 수 없다. 그저 당신이 상대방을 존중하고 있다는 신호만 보내면 된다. 그런 다음에 당신이 원하는 것을 아주 침착하게 전달하고 성공적으로 협상하면 된다. 앞으로 이 책에서 상대방을 존중하고 있다는 신호를 만들어내고 전달하는 구체적인 방법을 알려줄 것이다.

세대가 다르다는 이유로, 가치관이 다르다는 이유로 무조건 갈등이 일어나는 것은 아니다. 왜냐하면 생각의 차이보다 중요한 것은 '관계'이기 때문이다. 관계가 좋은 사람들은 생각이 다르다고 해서 무조건 다투지 않는다. 하지만 관계가 나쁜 사람들은 같은 생각을 가지고서도 다투는 경우가 많다. 그러므로 앞으로 우리는 상대방과 좋은 대화를 나누기 위해 어떻게 관계의 기반을 만들어야 할지 알려줄 것이다. 그전에 당신은 관계의 한 축으로서 책임감을 가져야 한다. 관계에 대한 책임감이 바탕이 되어야 공감적 미러링이 성공적으로 이뤄질 수 있기 때문이다. 이제부터 대화가 편안하게 이어지고 좋은 결과로 끝날지 아니면 마치 벽에 대고 얘기하는 것처럼 흘러가거나 심지어 다툼으로 끝날지는 당신의 손에 달려 있다.

●⋯⋯⋯ 소프트 스킬이 필요한 시대

이미 오래전부터 소위 소프트 스킬(soft skill)이 성공적인 직장생활과 인간관계의 핵심적인 능력으로 받아들여지고 있다. 하드 스킬(hard skill)이 전문적인 능력이라고 한다면 소프트 스킬은 감정 이입 능력, 타인과 협력하는 능력, 협상 능력, 의사소통 능력, 자기 성찰 능력 등을 말한다. 오늘날 성공적으로 일을 하려면 이런 능력들을 갖춰야 한다. 직장에서 혼자 독불장군처럼 구는 시대는 이미 오래전에 지나갔다. 일상생활에서도 마찬가지다.

이 책을 통해 당신은 사회적 능력과 감정적 능력을 현저히 발달시킬 수 있다. 사람들을 대하기가 훨씬 수월해지고, 이해하기 힘든 상황에서도 융통성을 발휘할 수 있으며, 상황을 장악하고 당신의 생각을 적절하게 전달할 수 있다. 업무 회의나 스몰토크를 할 때도 많은 도움이 될 것이다. 그뿐만 아니라 사람들의 행동과 특성을 더 명확하게 인지하는 법, 내면의 욕구를 파악하는 법, 전형적인 갈등 상황에 숨겨진 함정들을 미리 파악하고 피하는 법을 알게 될 것이다.

그 외에 당신이 상대방에게 보내는 신호에 대해서도 조금 더 잘 알게 될 것이다. 사람들과 대화를 할 때 당신은 어떤 모습인가? 당신의 표정과 신체 언어는 무엇을 표현하는가? 당신은 사람을 끌어당기는 호감형인가 아니면 다른 사람들과 쉽게 갈등을 겪는 문제형인가? 이 책을 읽고 나면 알게 될 것이다.

이 책의 내용은 누구에게나 적합하고 이해하기 쉬우며 일상에서 적용이 가능하다. 용기를 가지길 바란다. 자기 자신을 변화시키고 자신의 목표를 이루는 데 있어서 늦은 때란 결코 없다. 이 책이 많은 도움이 되기를 바란다!

코르넬리아 슈바르츠 & 슈테판 슈바르츠

| CHAPTER 1 |

"저 사람은 도대체
내 말을 듣고 있는 걸까?"

당신의 말이 타인에게 통하지 않는 진짜 이유

우리는 서로 다른 세계에서 말하고 있다

일상에서 일어나는 모든 갈등의 약 80% 정도는 의견 차이 때문이 아니라 서로 딴소리를 하기 때문에 일어난다. 말하자면 각자 자신만의 행성에서 다른 사람들에게 도달하지 못하는 메시지를 전달하는 것이다. 상대방은 메시지를 이해할 수도 없고 수용할 수도 없다. 그래서 불협화음이 일어나고 목소리 톤은 날카로워지면서 곧바로 다툼이 이어진다. 서로에 대한 이해와 타협 없이는 함께 살아갈 수 없다는 것을 알면서도 자꾸만 어긋난다. 그 이유는 무엇일까?

사람들은 대부분 자신의 대화 방식에 문제가 없다고 생각한다. 그런데 왜 이렇게 자주 어긋나는지 더 자세히 물어보면 자신은 나름대로 노력하고 있지만 상대방이 이상한 탓이라고 말한다. 정말 모든 문제는 상대방에게 있을까? 이것은 착각이다. 모든 사람이 모든 상황에서 나를 이해해준다면 정말 좋겠지만 아무리 가장 친한 친구라고 해도 오해 없이 소통하기 쉽지 않다.

사람들이 서로 딴소리를 하는 핵심적인 이유는 사람들은 각자 호환할 수 없는 시스템을 가지고 있기 때문이다. 예를 들어 마이크로소프트 컴퓨터에 애플 소프트웨어를 설치한다고 생각해보자. 제대로 작동하겠는가? 이처럼 말투, 취향, 기분, 성격, 가치관이 서로 부딪히는데 어떻게 소통이 원활하겠는가? 상충되는 요소가 많을수록 소통은 더욱 힘들어지고 파국으로 치닫게 된다. 상대방이 무슨 얘기를 하는지 도무지 이해할 수 없으니 다툼은 미리 예견된 것이나 다름없다. 우리가 살면서 한 번쯤 겪어봤을 갈등 상황 속으로 가보자.

가장 보편적인 부부의 싸움

BAD CASE ✗

#당신은 이래서 문제야!

날씨가 환상적인 주말, 부부인 베아와 알렉스는 정원에서 편안하게 바비큐 파티를 하면서 저녁 시간을 보내기로 한다. 그래서 베아는 서둘러 장을 보러 가고 알렉스는 그동안 그릴을 준비하기로 약속한다. 그런데 한 시간 후 베아가 두 손 가득 장바구니를 들고 돌아왔는데 알렉스는 정원 안락의자에 누워 있다. 옆에는 먹다 남은 맥주까지 있고, 바비큐 파티를 할 준비는 전혀 되어 있지 않다. 베아는 폭발한다. "왜 아무 준비도 안 했어?" 베아는 거칠게 손가락질을 하며 묻는다. "이게 뭐야! 내가 마트까지 뛰어가서 장까지 봐오는 동안 당신은 게으름이나 피우고 있었던 거야?"

알렉스는 어제 하루 종일 상사에게 시달린 탓에 피로가 쌓여 깜박 잠이 든 것이었다. 상황을 설명하려 해도 이미 기분이 상한 베아는 들으려고 하지도 않는다. 베아는 뭐든지 자신이 잔소리를 해야 움직이는 남편이 답답하고 화가 난다. 두 사람은 한동안 다툰다. 알렉스는 베아에게 융통성이 없고 신경질적이라고 비난하고, 베아는 화가 난 채로 거실에서 텔레비전을 켠다. 알렉스는 혼자 정원에 앉아서 맥주를 마신다. 바비큐 파티는 완전히 물 건너갔다. 그리고 주말 내내 이렇게 불편하게 보낼 가능성이 높다.

사람들은 이러한 상황에서 약속을 지키지 않은 알렉스에게 잘못이 있다고 생각할 것이다. 하지만 우리는 잘잘못을 따지려는 것이 아니라, 갈등을 최소화하고 서로를 이해하며 다시 목표를 향해 가기 위해 어떻게 해야 하는지 알려주고자 한다. 그러기 위해서 먼저 베아와 알렉스의 신체 언어, 표정, 목소리 톤, 말에서 드러나는 감정 상태가 얼마나 비대칭적인지 살펴봐야 한다.

- **신체언어**: 알렉스는 안락의자에 편안하게 누워 있고 베아는 잔뜩 짜증이 나서 거칠게 손가락질을 한다.
- **표정**: 알렉스는 무심한 표정을 짓는 반면에 베아의 표정은 화가 나서 일그러졌다.
- **목소리 톤**: 알렉스의 목소리는 낮은 음역대인 반면에 베아의 목소리 톤은 한껏 올라가 있다.
- **말**: 알렉스는 자신을 방어하기 위한 말을 하고 베아는 그의 잘못을 지적하면서 공격한다.

사실 알렉스와 베아는 그렇게 반응할 수밖에 없었던 이유가 있다. 알렉스는 쉬고 싶지만 쉬고 싶다는 말을 차마 하지 못했고, 베아는 알렉스가 적극적으로 참여해주기를 원했지만 무시당했다. 그렇다면 둘의 갈등은 일어날 수밖에 없었던 걸까? 절대 그렇지 않다. 앞으로 둘 중 한 사람이라도 의식적으로 상대방에게 공감적 미러링을 했을 때 상황이 어떻게 변화하는지, 쓸데없이 감정을 낭비하지 않고 평화롭게 해결하기 위해 어떤 방법이 있는지 알아보자. 그전에 우선 코칭의 토대가 되는 몇 가지 사실들을 짚고 넘어가려 한다.

감정적 안식처를
갈망하는 사람들

약 30만 년 전, 오늘날 호모 사피엔스의 첫 조상이 지구에 등장했고 큰 무리를 이루며 유목생활을 했다. 인간은 처음부터 무리를 짓는 동물이었다. 이런 생활 방식에서 소통과 연대는 매우 중요했다. 혼자 야생의 위험에 맞서 살아남을 가능성은 거의 없었으므로 집단 속에 있어야 보호를 받을 수 있었다. 그렇기 때문에 소통 능력은 생존 능력과 마찬가지였다.

하지만 오늘날 우리는 혼자서도 잘 살아갈 수 있다. 그럼에도 타인과 소통하고 싶은 기본적인 욕구는 사람들이 곰을 사냥하고 열매를 채집하던 그때와 똑같다. 공동체에 대한 갈망은 우리 유전자에 각인되어 있기 때문이다. 우리는 영원히 다음과 같은 욕구를 충족시키는 데 많은 에너지를 사용한다.

- 소속감을 느끼고 싶다.
- 인정받고 싶다.
- 외로움을 느끼기 싫다.

우리는 이러한 욕구를 충족시키기 위해 행동하고 말한다. 그리고 같은 음식점이라도 나에게 친절하게 인사를 건네고 환영받고 있다는 느낌이 들게 만드는 곳을 더 선호한다. 오프라인에서 욕구를 충족시키지 못한다면, 온라인에서라도 자신과 맞는 사람들을 찾아다닌다. 소셜 미디어가 이토록 부상하는 것은 우리가 항상 같은 종족을 찾아다니고 있다는 방증이다. 오프라인이든 온라인이든 상관없이 우리는 집단 속에서 사회적 온기를 느끼고 즐기고 싶어 한다. 타인에게 '좋아요'를 받으면 성취감을 느끼고, 이모티콘을 받으면 포옹이라도 한 것처럼 마음이 훈훈해진다.

● ········· 술자리에서 '건배'를 외치는 이유

자신의 이야기에 전혀 공감하지 않는 사람들과 함께 있으면 불편하고 이해받지 못하는 기분이 든다. 또한 이런 사람들과는 소통이나 협업도 상당히 힘들다. 만약 자신 주변에 이런 사람들만 있다면 불행하다고 느낄 수밖에 없다. 그렇기 때문에 따돌림을 심리적 고문이라고 말하는 것이다. 따돌림을 당한 피해자들은 신체적 폭력을 당한 것처럼 고립감으로 인해 심리적 고통을 느낀다. 이때 피해자를 돌봐주고 새로운 집단에서 소속감을 느끼게 해주는 사람은 당사자에게 구세주처럼 느껴질 수밖에 없다.

사람들이 집단 정체성을 얼마나 강하게 갈구하는지는 사람들이 집단행동을 얼마나 좋아하는지를 통해서도 드러난다. 아무리 개인주의 사회라고 해도 사람들은 소속감을 느끼고 싶어 한다.

예를 들어, 중요한 축구 경기가 있을 때 사람들은 공공장소에 모여 똑같은 행동으로 응원하고 똑같은 순간 환호한다. 술을 마시기 전에는 반드시 동시에 입을 모아 '건배'를 외치고, 집단의 구성원이 생일이면 한목소리로 생일 축하 노래를 부르는 등 동일한 의식을 따른다. 이때 사람들이 느끼는 감정은 친밀함과 결속감이다. 이러한 행동들을 통해 자신도 집단에 속해 있다는 사실을 확인한다.

●········· 발맞춰 걸었을 뿐인데 행복해진다고?

여러 연구 결과에 따르면 사람들은 동일한 활동을 할 때 강한 연대감이 형성되고 더욱 협동할 자세가 생기며 감정을 이입하는 능력이 증가한다고 한다. 또한 같은 활동을 하는 집단에서 만난 사이일수록 서로에게 더 많은 호감을 느낀다고 한다.

심리학자이자 스탠퍼드대학교 교수인 스콧 윌터무스(Scott Wiltermuth)는 학생들과 함께 독특한 연구를 진행했다. 교수는 학생들을 나누어 한 무리는 한동안 같이 발을 맞춰 걷게 했고 한 무리는 자유롭게 걷게 했다. 그 결과 학생들은 함께 발을 맞춰 행군한 것만으로 서로에게 더 결속감을 느끼고 게임을 할 때 서로 더 도와주었다. 또한 서로를 훨씬 더 신뢰했다.

소속감은 사람들을 단결하게 만든다. 우리는 무의식적으로 우리와 비슷하게 움직이는 사람들을 선호하고 주로 이들과 의견을 같이한다. 그로닝겐대학교의 뇌 과학자인 크리스티안 케이서스(Christian Keysers) 박사도 동일한 행동과 정신적 일치의 상관관계에 관한 연구를 실시했고, 그 결과 사람들이 서로의 행동을 모방할 때 몸에서는 행복 호르몬인 도파민이 분출된다는 것을 발견했다. 우리가 동일한 행동을 하는 집단에서 편안함을 느끼는 이유를 뇌의 화학작용에서 찾아낸 것이다. 그래서 만약 선택권이 있다면 우리는 외톨이가 되기보다 집단에 소속되는 것을 선호하고 우리가 선택한 집단의 가치를 따른다.

이런 현상은 진화 생물학적으로도 설명이 가능하다. 인간은 일찍부터 생존을 위해 연대감을 상승시켜야 했고, 공동의 행동을 조정하는 의식을 만들어냈다. 모든 문화권에서 공동의 노래, 춤, 종교적인 관습들은 강한 집단 정체성을 만들어냈다. 그리고 수백 년이 지난 오늘날, 과거의 생존 본능은 그대로 남아 집단에서 배척당하기보다 집단에 맞춰가는 것을 선호한다. 심리학자들은 이를 '감정적 안식처를 향한 갈망'이라고 표현한다. 우리는 이를 평생 좇으며 살아간다.

함께 울고 웃는 공감 세포, 거울 뉴런

우리가 소속감을 느끼기 위해서는 당연히 의사소통을 제대로 할 수 있어야 한다. 의사소통을 제대로 하지 못한다면 우리는 아웃사이더로 남을 것이다. 사람들은 대부분 타인을 관찰하는 것만으로도 그들의 감정을 직관적으로 이해할 수 있다. 그리고 상대방의 감정에 어떻게 반응할지 머릿속에서 결정할 수 있다. 이처럼 타인의 행동을 보고 우리가 적절한 행동을 고를 수 있는 것은 우리 뇌에 있는 특별한 뇌세포, 바로 거울 뉴런 덕분이다.

●·········· 거울 뉴런의 작동 방식

뇌의 전운동 피질에는 직관적으로 타인에게 반응하게 하는 세포들이 들어 있다. 예를 들어 누군가 우는 것을 보면 우리도 슬퍼진다. 누군가 우리에게 미소를 지으면 우리도 미소를 짓는다. 이것은 우리의 행동이 누군가 발신하는 코드에 따른다는 것을 의미한다. 뇌는 순식간에 코드를 해독한다. 말뿐 아니라 표정과 신체 언어의 코드까지 해독하고 어떻게 응답할지 결정한다.

거울 뉴런의 작동 방식은 정말 경이롭다. 우리는 그냥 관찰할 뿐인데 이 뇌세포는 우리가 마치 상대방과 똑같이 경험한 것처럼 신호를 보낸다. 우리가 상대방을 따라 함께 기뻐하고, 함께 슬퍼하고, 함께 열광하는 것은 거울 뉴런 덕분이다. 우리가 영화를 볼 때 주인공과 함께 웃고 울고, 주인공이 두려움에 땀을 흘리면 우리도 손에 땀을 쥐고, 주먹으로 배를 맞으면 마치 우리가 맞은 것처럼 몸을 웅크리는 것도 마찬가지다.

거울 뉴런은 타인의 감정을 경험할 수 있게 해주기 때문에 '공감 세포'라고 부르기도 한다. 우리는 거울 뉴런을 통해서 타인이 어떻게 느끼는지 집중적으로 경험할 뿐만 아니라 그 감정에 전염되기도 한다. 이때 우리는 상대방과 같은 것을 느끼고, 똑같은 신체적 상태가 된다는 것이 핵심이다. 거울 뉴런은 행동 계획에 관여하는 뇌 부분에 있기 때문에 상대방을 미러링하라는 명령을 내린다.

상대방의 증상을 감지하는 것을 전문가들은 공유 생리 현상(shared physiology phenomenon)이라 부른다. 공감을 통해서 우리는 상대방과 동일한 신체 상태가 된다. 이런 생리적 미러링이 자율신경계까지 도달한다는 사실은 피부전도도 측정을 통해서 알 수 있다. 내담자에게 극도로 집중하는 치료자의 경우 몇 분 지나지 않아 내담자와 똑같은 피부전도도를 보이기도 한다. 누군가의 감정에 이입하면 호흡과 심장 박동 수도 같아진다.

●········· **우리는 아이들을 어떻게 미러링하는가**

세 살짜리 조카를 오랜만에 만났다고 상상해보자. 조카가 당신을 보며 환호성을 지르고 양팔을 벌리며 다가올 때, 당신은 자신도 모르게 눈높이를 맞추기 위해서 허리를 숙일 것이다. 그리고 조카를 따라 양팔을 벌리며 조카의 환호성에 높은 목소리 톤으로 호응할 것이다. 자신도 모르게 조카의 행동, 목소리 톤, 표정 등을 미러링하는 것이다. 억지로 애쓰지 않아도 가능하다.

미러링은 아주 자연스러운 반사 행동이다. 완전히 아이의 입장이 되어서 아이의 기분 상태를 받아들이면 자연스럽게 행동이 같아진다. 탁구를 하는 것과 비슷하다. 우리에게 공이 오면 우리는 공을 맞받아친다. 또 새로운 공이 날아오면 우리는 또다시 맞받아친다. 이 경기를 계속 하다 보면 우리는 점점 상대방의 움직임에 맞춰가게 된다. 이때 즉각적으로 사람들 사이에는 강한 유대감이 형성된다.

당신이 누군가를 미러링하면 당신은 행동으로 다음과 같은 메시지를 전달하는 것이다. '나는 너를 이해하고 있으며, 너의 언어로 이야기할 것이며, 우리는 같은 것을 경험할 수 있어.' 이것이 바로 성공적인 소통의 비밀이다.

만약 당신이 웃으며 달려오는 조카에게 팔짱을 끼고 어두운 표정을 한 채 낮은 목소리로 정치에 대해 얘기한다면 조카는 어떻게 반응할까? 조카는 어리둥절해서 당신으로부터 몸을 돌리고 함께 놀거나 대화하고 싶어 하지 않을 것이다. 성인도 마찬가지다. 당신이 누군가를 잘 미러링하면 당신은 원활한 교류를 위한 좋은 기반을 마련하는 것이다. 성공적인 소통을 위해 이보다 더 좋은 준비는 없다.

사람들이 타고난 공감 능력을 상실한 이유

우리는 다른 사람들과 공감하는 능력을 타고났다. 그런데 왜 사람들과 자꾸 다투게 되는 걸까? 그것은 바로 자신의 직관을 자주 무시하기 때문이다. 즉, 거울 뉴런의 활동을 자주 억압하는 것이다. '개인'이 각광받는 시대일수록 우리는 다른 사람들과 거리를 두는 것이 자신을 지키는 것이라 생각한다.

많은 사람들이 자신의 자아와 개인을 우선순위에 두어야 한다고 생각하며 미러링을 차단해버린다. 거울 뉴런은 계속 사용하지 않으면 퇴화된다. 우리의 뇌는 모든 것을 일률적으로 저장하지 않고 자주 사용하는 기능에 따라 변하기 때문이다. 이미 배운 지식이라고 해도 정기적으로 사용하지 않으면

잊어버리는 것처럼 말이다.

　이처럼 거울 뉴런을 억압하며 틀에 박힌 방식으로 상대방을 대하다 보면 공감 능력과 미러링 능력이 사라질 수밖에 없다. 점점 쌀쌀맞고 무뚝뚝하다는 인상이 강해질 것이다. 사람들은 가능하면 이런 사람들과 엮이고 싶어 하지 않는다. 그 결과 안타깝게도 미러링 능력은 더욱더 감소하게 된다.

● ·········· **공감 능력을 퇴화시키는 원인들**

사람들은 왜 타고난 공감 능력을 퇴화시키면서까지 사람들에게 다가가지 않을까? 여기에는 여러 가지 이유들이 있다. 가장 대표적으로 스트레스가 꼽힌다. 점점 더 복잡하고 힘들어지는 삶 속에서 사람들은 인간관계 때문에 쉽게 지친다. 나쁜 마음으로 사람과의 관계를 피하는 사람은 없다. 자신을 지키기 위해 그럴 수밖에 없는 것이다. 이처럼 사람들이 사람과 점점 멀어지게 되는 이유를 자세히 살펴보자.

● **스트레스**
　많은 사람들이 빡빡한 일과 때문에 자신이 다람쥐 쳇바퀴

도는 삶을 살고 있다고 느낀다. 그럼에도 모든 것을 잘 해내기 위해서 자신을 시스템화한다. 지속적인 스트레스 상황에 놓이다 보니 자기 자신, 자신의 관심사 그리고 자신의 상태에만 초점을 맞추도록 시스템화하는 것이다. 대화를 할 때도 상대방을 시야에서 없애버리니 불가피하게 대립과 갈등이 일어난다. 미러링을 하려면 자신을 시스템 속에 가두기보다 유연해져야 한다.

• 인내심 부족

오늘날 사람들은 대부분 여유가 없다. 그러다 보니 진척이 더딘 대화를 할 때면, 인내심이 점점 사라지는 것을 느낀다. 모든 것이 신속하고 효율적으로 진행되기를 원하기 때문에 미러링을 통해서 좋은 대화의 기틀을 마련할 시간을 내지 않는다. 그러나 짧은 시간에 끝낸 질 나쁜 대화가 문제를 일으켜 더 많은 시간을 빼앗는 경우가 종종 생긴다. 오히려 공들인 한 번의 좋은 대화가 더 효율적인 결과를 낳는다. 그러므로 일단 미러링을 하며 상대방의 주파수에 맞추는 데 시간을 투자할 필요가 있다.

- **선입견**

우리는 사람들을 일정한 카테고리로 나누는 것을 좋아한다. 그리고 어떤 사람을 마음속에서 부정적인 카테고리에 넣고 나면 그 사람을 있는 그대로 바라보지 않는다. 우리는 '멍청한 상사', '못된 시어머니' 또는 '짜증 나는 고객'이라고 생각하는 사람을 미러링할 수 없다. 이성이 선입견의 지배를 받고 있는 한 거울 뉴런이 나설 기회는 없다.

- **무관심**

만약 길거리에서 낯선 이가 갑자기 당신에게 친절하게 미소를 짓는다면 어떨까? 사람들은 대부분 갑작스러운 호의를 의심하며 반응하지 않고 관심 없다는 표정으로 지나쳐버릴 것이다. 하지만 회사에서 동료가 당신에게 미소를 짓는데 아무 반응도 하지 않는다면 어떨까? 그 사람은 당신이 자신을 무시한다고 생각할 것이다. 당신이 그럴 생각이 없었다고 해도 말이다. 거울 뉴런이 퇴화된 사람은 의식적으로 미러링하는 습관을 만들어야 한다. 자신이 중요하게 생각하는 사람에게든 아니면 식당에서 만나는 친절한 직원에게든 시도해보자.

- **어린 시절의 문제**

어렸을 때 자신이 울면 함께 얼굴을 일그러트리고 공감해준 부모 아래에서 자란 아이는 부모와의 유대감과 공감 능력이 제대로 형성되어 있다. 하지만 우는 아이를 보고 불쾌해하거나 심지어 야단을 치면서 다그치는 부모 아래에서 자란 아이는 미러링을 경험하지 못해 공감 능력이 부족하며 나중에 다른 사람들의 슬픔이나 기쁨에 대해 미러링하지 못할 가능성이 크다. 성인이 되어 공감 능력이 결핍되었다는 사실을 받아들이고 노력하기 전까지 말이다.

- **안 좋은 경험**

사람의 뇌는 평생 동안 환경의 영향을 받아 지속적으로 상호작용을 한다. 살아오면서 어떤 사람을 주로 만나고, 어떤 경험을 많이 했느냐에 따라 사람을 대하는 태도도 달라진다. 만약 만날 때마다 거짓말을 하거나 늘 가식적인 행동을 하는 사람이 있다면 당신은 그 사람이 화를 내거나 슬퍼해도 그 기분을 진심으로 받아들이려 하지 않을 것이다. 가장 가까이에 이런 사람이 있거나, 유독 이런 사람을 자주 만난 사람은 타인을 만날 때 무의식적으로 공감하기를 거부하며 사람과 진심으로 교류하는 것이 불가능하다고 생각한다. 경험이 만든 선입견은 처음 보는 사람까지 잘못 판단하게 만들 수 있다. 따라서 다시 건강한 관계를 구축하기 위해서는 자신의 선입견을 되돌아보는 것이 중요하다.

공감 능력도 훈련하면 향상될까?

공감 능력은 누구나 훈련만 하면 향상시킬 수 있을까? 점점 공감 능력이 사라지는 사회에서 이 질문은 매우 중요하다. 미국 미시간대학교에서는 수십 년 동안 학생들을 대상으로 표준화된 성격 테스트를 실시하고 있는데 공감이나 동감과 관련된 수치가 1970년에 비해서 40%나 감소한 것을 확인했다. 다른 사람들의 입장을 이해하고 그 사람들의 감정을 느낄 수 있는 학생의 숫자가 현저히 줄어든 것이다. 그 대신에 이기심, 나르시시즘, 경쟁적 사고 그리고 병적인 자기중심주의가 나타나는 경향을 보였다.

　과연 의식 코칭과 행동 코칭이 공감 능력을 변화시킬 수 있을까? 자기 공명 영상 촬영으로 사람의 뇌 활동을 관찰할 수 있게 된 이후 공감과 감정 이입 현상에 대해 과학적으로 추적할 수 있게 되었다. 그리고 놀라운 결과가 밝혀졌다.

●········ 공감도 훈련할 수 있을까?

위스콘신대학교의 뇌 과학자인 안투앙느 루츠(Antoine Lutz) 박사는 만 시간이 넘는 명상 수련을 마친 수도승들을 대상으로 실험을 했다. 실험 방식은 수도승들이 명상을 하는 동안 아기의 울음소리나 도움을 요청하는 소리들을 들려준 다음 이들의 뇌가 어떻게 활동하는지 기록하는 것이었다. 실험 결과, 늘 명상을 하는 수도승들의 경우 공감과 감정 이입을 담당하는 뇌 부분이 명상을 시작한 지 얼마 안 된 사람들에 비해서 굉장히 활발하게 활동한다는 것을 알 수 있었다. 이 실험을 통해 루츠는 실제로 공감 능력을 훈련할 수 있다는 사실을 밝혀냈다.

취리히대학교의 과학자들 역시 실험을 통해서 이를 증명했다. 그들은 실험 대상자들이 낯선 사람들과 긍정적인 경험을 하는 동안 신경 활동이 어떻게 변하는지 측정했다. 그 결과 긍정적인 경험을 통해서 활성화된 신경의 학습 신호가 강할수록 공감 능력은 더욱 증가했다. 이처럼 긍정적인 경험을 계속 쌓는 것이 중요하다. 우리는 코칭을 통해서 바로 이런 경험을 이루게 돕는다.

●········· 우선 자신의 감정에 이름을 붙여라

다른 사람들의 생각과 감정을 이해하고 미러링을 하려고 노력하면 할수록 다른 사람의 입장에서 더 잘 이해하게 되고 그들의 소통 방식에 적절하게 응할 수 있다. 그러나 본인의 의지가 강하고 단순히 기계적으로 연습을 많이 한다고 해서 무조건 공감 능력이 향상되는 것이 아니다. 이는 의식과 내면의 태도에 관한 문제이기 때문이다. 그러므로 타인의 감정을 살피기 전에 먼저 자신의 감정을 잘 살펴봐야 한다.

당신의 상사와 마주 보고 서 있으면 당신은 어떤 감정을 느끼는가? 고된 하루 일과를 보내고 집으로 퇴근해서 배우자와 마주하면 어떤 마음이 드는가? 이때 어떤 모순적인 감정들이 일어나는지 의식적으로 생각해보자. 대개는 여러 가지 감정들이 동시에 일어나기 때문이다. 예를 들어 전반적으로 호감을 느끼지만 동시에 마음이 내키지 않기도 하고, 사랑과 증오를 동시에 느끼기도 한다.

당신은 당신의 모든 감정에 이름을 붙이고 표현해야 한다. 어떤 감정도 제외시키면 안 된다. 만약 부정적인 감정들이 함께 올라온다고 해도 절대 죄책감을 느끼지 말자. 당신이 어떤 감정 상태인지 아는 것이 중요하다. 해결되지 않은 혼합된 감정들은 당신과 당신의 대화 상대를 혼란스럽게 만든다. 당신도 모르게 모순적인 신호를 보내기 때문이다. 그러므로 대화를 할 땐 복합적인 감정들 중 가장 긍정적인 감정에 초점을 맞추자.

●·········· **건설적인 대화를 위한 열쇠는 당신 손에 있다**

공감적 미러링을 위해서 자신의 감정을 잘 관리해야 한다. 당신의 감정을 억누르라는 말이 아니다. 적절하게 표현하라는 것이다. 하지만 먼저 상대방의 감정적인 경험을 인지하고 이해하고 미러링한 다음 자신의 감정을 표현해야 한다. 자신의 감정이 뒤로 밀려난다고 생각할 필요는 없다. 곧바로 그다음에 당신의 경험이 다시 주목받게 될 것이다. 그때부터 당신이 원하는 대로 대화를 만들어나갈 수 있다.

　주제와 내용에 대해 얘기하기 전에 먼저 상대방에게 진정한 관심을 갖는 것이 그 다음에 이어지는 모든 것들을 위해 가장 중요하다. 당신이 당신의 대화 상대를 제대로 미러링한 것인지, 그다음 단계로 나아가도 되는지 확실하지 않다면 여러 번 질문하도록 한다. 어떤 질문을 해야 하냐고? 이제부터 이런 질문 기술을 더 다듬을 수 있는 방법들에 대해 구체적으로 소개하겠다.

미러링, 원하는 것을
자연스럽게 얻는 법

앞에 등장했던 베아와 알렉스의 사례를 다시 한 번 되짚어보자. 베아와 알렉스는 모두 상대방을 미러링할 생각을 하지 않았다. 그래서 계획했던 바비큐 파티는 수포로 돌아갔다. 이 둘은 부부이지만 각자 자신의 틀 안에 갇혀서 '우리'보다 '나'를 더 중요시했다. 여기에 스트레스와 선입견까지 더해졌다. 베아는 아마 이렇게 생각할 것이다. "알렉스는 늘 저렇게 의욕이 없어. 너무 짜증 나." 그리고 알렉스는 이렇게 생각할 것이다. "베아는 늘 저렇게 예민해. 너무 귀찮아." 여기서 베아의 반응은 충분히 이해할 만하다고 이의를 제기할 수도 있다. 베아는 알렉스가 맡은 일을 하지 않았으니 화가 날 수밖에 없었다. 하지만 알렉스도 자신이 몹시 피곤한 상태라는 것을 베아가 먼저 이해해주길 원했기 때문에 화가 났다. 결국 두 사람은 서로 누가 옳고 그른지 주장하며 싸우기 시작했다.

●·········· **미러링 5단계**

과연 누가 옳은가? 이 질문은 이제 소용이 없다는 것을 알 것이다. 제대로 된 질문은 다음과 같다.

"어떻게 하면 싸우기 전에 공감대를 형성할 수 있을까?"

우선 알렉스와 베아는 서로에게 유대감과 편안함을 느끼고 싶어 한다. 그러므로 둘은 갈등을 극복하고 관계를 발전시키기 위해, 구체적으로는 즐거운 저녁 식사를 위해 노력해야 한다. 각자 자신의 세계에서 화난 상태로 있기보다는 대안을 모색해야 한다. 상대방을 의식적으로 인지하고 미러링하고 그런 다음에 두 사람이 모두 만족할 수 있는 상황을 새롭게 만들어가야 한다. 성공적인 미러링을 위한 다섯 단계를 살펴보자.

- **1단계: 상위 목표 떠올리기 ─ 내가 원하는 것은 무엇인가?**

  알렉스와 베아의 상위 목표는 '나의 파트너와 조화로운 관계를 맺으며 살아가고 유대감을 느끼고 싶다'는 것이다.

- **2단계: 의식적 지각 ─ 상대방의 기분은 어떠한가?**

  알렉스는 베아를 쳐다보기만 해도 베아가 분주하고 바쁘게 움직인다는 것을 알아차릴 수 있다. 그리고 베아는 알렉스가 매우 지쳐 있고 기운이 없다는 것을 알아차릴 수 있다.

- **3단계: 감정 이입을 하는 미러링**

  이제 둘 중 한 사람은 자기중심주의에서 벗어나 파트너에게 맞춰줄 수 있다. 둘 중 한 사람은 상대방에게 감정 이입을 해서 신체 언어, 표정, 목소리 등을 미러링한다. 그러기 위해서는 자신의 자아를 잠시 내려놓을 수 있어야 한다.

- **4단계: 현재 목표의 정의**

  ─ 현재 상황에서 내가 원하는 것은 구체적으로 무엇인가?

  이제는 정확한 목표 설정이 필요하다. 내가 진짜로 원하는 것은 무엇인가? 이 사례에서 결국 중요한 것은 바비큐 파티가 아니라 함께 좋은 시간을 보내는 것이다. 따라서 갈등을 만드는 것은 무의미하다.

- **5단계: 적극적인 설계**

  '함께 좋은 시간 보내기'라는 목표를 설정했기 때문에 저녁
  시간에 할 수 있는 활동이 굉장히 많아진다.

이제 두 사람 중 한 사람이라도 미러링의 기술에 통달하면
어떤 상황이 벌어지는지 살펴보자.

●········ 서로를 미러링한다면?

GOOD CASE 1 ✓

#자기, 오늘 많이 지쳐 보여

베아는 양손 가득 장바구니를 들고 집으로 들어오는데 알렉스가 아무
일도 해놓지 않고 그냥 의자에 누워 있는 광경을 본다. 지금 불같이 화
를 낼 수도 있겠지만 베아는 알렉스와 함께 즐거운 저녁 시간을 보내고
싶다. 그리고 알렉스와 조화로운 관계를 유지하고 싶다.

베아는 장바구니를 내려놓고 알렉스에게 다가간다. 그리고 그 옆에 있는 의자에 털썩 앉으며 숨을 길게 내뱉는다. 그러면서 아주 차분한 목소리로 말한다. "자기, 오늘 많이 지쳐 보여. 나도 완전히 녹초가 다 됐어. 나도 맥주 좀 줄래?" 알렉스는 베아를 보며 미소를 짓는다. "물론이지. 가게 문이 닫히기 전에 급히 사오느라 힘들었지?" "진짜 힘들었어." 베아가 힘주어 말한다. "그런데 왜 이렇게 기진맥진한 거야?" 알렉스는 베아에게 맥주를 건네주고 한숨을 내쉰다. "이번 주는 정말 힘들었어. 바비큐 파티 준비를 아직 못 해놓아서 미안해. 지금 금방 준비할게. 그리고 장을 봐와서 진짜 고마워." 베아는 건배를 한다. "내가 좋아서 한 일인데 뭐. 일단 우리 같이 그냥 좀 널브러져 있자." 베아가 제안한다. "그리고 나중에 같이 그릴을 준비해서 고기를 구워 먹자, 어때?" 알렉스는 베아에게 입맞춤을 한다. "당신은 정말 사랑스러워."

GOOD CASE 2 ✓

#앗! 당신이 화내는 거 충분히 이해해!

베아는 들고 온 장바구니를 내려놓고 폭발한다. "왜 아무 준비도 안 해놓은 거야?" 베아는 거칠게 손가락질을 하며 소리를 지른다.

"난 미친 듯이 슈퍼마켓으로 뛰어가서 장을 봐왔는데 당신은 그냥 게으름을 피우고 가만히 누워 있다니!" 알렉스는 자신이 아무 일도 해 놓지 않고 쉬고 있는 모습이 베아를 화나게 만들 수 있다는 것을 알아 차린다. 그래서 알렉스는 자리에서 벌떡 일어나서 베아 앞에 서서 베아 의 흥분한 몸짓과 목소리를 미러링한다. "맞아! 난 자기가 지금 이렇게 화내는 거 충분히 이해할 수 있어! 자기는 부랴부랴 가게로 뛰어갔는데 난 아무것도 안 하고 그냥 퍼져 있었어!" 그는 애원하듯이 손을 든다. "정말 미안해. 유독 이번 주에 스트레스를 많이 받았더니 나도 모르게 잠이 들었어. 변명하는 건 아니야. 자기도 이번 주에 일한다고 힘들었 을 텐데 마트까지 갔다 온 거 잘 알아." 그리고 조금 작은 목소리로 덧 붙인다. "일단 여기 좀 앉아. 같이 맥주 좀 마시고 내가 조금 있다가 장 바구니를 정리하고 바비큐 준비를 할게." 베아는 서서히 화가 가라앉 는다. 베아는 알렉스가 내민 맥주를 받아든다. "근데 무슨 일로 그렇게 힘들었던 거야?" 베아가 묻는다. 알렉스는 회사에서 있었던 일을 털어 놓는다. 두 사람은 밤늦도록 대화를 나눈다.

베아가 알렉스를 미러링하든 알렉스가 베아를 미러링하든 상관없다. 한 사람이 다른 사람에게 맞춰가는 순간, 유대감이 생겨서 싸움이 일어나지 않는다. 어떤 경우든 해결책은 대립 이 아니라 감정 이입과 이해다. 그러기 위해서는 성숙한 태도 가 필요하다. 자신의 부정적인 감정들을 의식적으로 잘 다룰 수 있어야 한다. 부정적인 감정들을 맘껏 발산하는 것은 단기적으로는 속이 시원할 수는 있으나 불가피하게 다툼이 일어날 수밖에 없다. 감정 이입을 하면서 미러링하는 것이 훨씬 더 현명하고 에너지 소모도 덜하다. 당신도 공감하는 방식으로 태도를 변화시킬 수 있다. 다음 장에서는 이를 위해서 어떻게 감정을 다뤄야 하는지 알아보자.

| CHAPTER 2 |

"설득하지 말고,
그냥 공감하라"

설득하지 않으면서 원하는 것을 단숨에 얻는 법

먼저 공감하는 사람이
마지막에 웃는다

미러링을 커뮤니케이션 원칙으로 삼는 것이 처음에는 마치 상대방에게 양보하는 것처럼 느껴질 수 있다. 하지만 우리는 당신이 먼저 걸음을 뗐으면 좋겠다. 상대방을 먼저 미러링하고 당신의 감정을 미룬다고 해서 영영 당신의 차례가 오지 않는 것은 아니다. 당신이 미러링을 통해서 조화로운 관계의 기반을 마련하고 나면 당신의 상대방도 자연스럽게 당신을 미러링하기 시작한다.

베아와 알렉스의 사례를 통해서 이를 분명하게 알 수 있다. 한 사람이 다른 사람에게 감정 이입을 하면 곧 상대도 똑같이 감정 이입을 하게 된다. 당신도 이미 알다시피 당신이 누군가를 미러링하면 그 사람은 당신이 자신을 전적으로 수용하고 있다고 느낀다. 서로 수용해주고 신뢰하는 분위기가 형성되면 상대방도 마음을 연다. 상대방은 당신을 훨씬 더 주의 깊게 인지하고 당신이 하는 말과 행동에 훨씬 더 공감적으로 반응한다. 이러한 대화 분위기 속에서 당신은 원하는 것을 갈등 없이 훨씬 더 잘 협의할 수 있고 적극적으로 당신의 목표를 추구할 수 있다.

●………… 긍정적인 자아상

좋은 소통은 자아상을 긍정적으로 바꾼다. 주체적이고 대인관계 능력이 좋고 확신에 찬 자기 자신을 경험하게 된다. 그리고 자신에 대해 더 잘 알게 된다. 우선 미러링을 하면서 상대방과 자신의 차이점을 의식적으로 지각하게 된다. 그리고 상대방이 당신을 미러링하면 당신은 거울을 들여다보고 있는 셈이다. '아, 내가 저렇게 행동하고 저런 감정을 불러일으키는구나.'

공감적 소통을 통해 당신은 자기 자신을 성찰하고 계발할 수 있는 기회를 얻는다. 누구나 자기중심주의에서 벗어나 미러링을 할 수 있다는 사실을 다음 일상의 사례를 통해서 알 수 있다.

● ········· 인기 많은 계산대 직원

함부르크 슈퍼마켓에서 일하는 계산대 직원 다그마 프뤼터는 대중과 언론의 큰 관심을 받고 있다. 수년 전부터 이 직원이 담당하고 있는 계산대 줄이 항상 가장 길기 때문이다. 그 슈퍼마켓에는 계산대가 여덟 대나 있고 줄이 짧은 계산대에 가면 시간을 아낄 수 있는데 고객들은 은퇴를 하고 슈퍼마켓에서 아르바이트를 하는 다그마 프뤼터의 계산대를 고집했다. 고객들은 75번째 생일을 맞은 그에게 카트 두 개에 선물을 가득 담아서 주기도 했다. 왜 고객들은 프뤼터를 좋아했던 걸까? 프뤼터는 한 인터뷰에서 그 비밀을 밝혔다.

> "저는 예전부터 사람들을 대하는 게 좋았어요. 친절한 행동과 진심 어린 관심은 전염성이 아주 강해요."

프뤼터는 손님들에게 일일이 인사를 하고 요즘 어떻게 지내는지 안부를 묻고 농담도 주고받으며 생일을 맞은 고객이 있으면 슈퍼마켓 마이크에 대고 축하 노래도 불러준다. 프뤼터가 근무하는 계산대에서는 '관계'가 만들어진다. 고객들은 그곳에서 유대감을 느끼고 대화를 나눈다. 심지어 계산대에서 만나 사귀게 된 커플도 세 커플이나 된다. 심지어 한 커플은 슈퍼마켓에서 결혼식을 하려고 했다가 시청 공무원의 반대로 무산되었다. 사람들의 열광적인 호응에 대해 프뤼터는 이렇게 말한다.

> "고객들은 제가 마음을 열고 다가가는 것을 좋아하는 것 같아요. 사람들은 누구나 익명성 속에 묻히고 싶지 않은 욕구가 있기 때문이죠. 그리고 슈퍼마켓에서 반갑게 인사를 하고 맞이해주면 마치 집에 온 것처럼 편안함을 느낄 수 있으니까요. 그리고 계산대에서 아주 짧은 순간이라도 서로를 존중하고 있다는 확신을 가질 수 있는 것 같아요."

활기찬 노년을 보내고 있는 프뤼터의 말에 핵심이 있다. 사람들은 누군가 자신을 바라봐주고 인정해주기를 바라고 유대감을 느끼고 싶어 한다는 것이다. 미국의 심리학자 마셜 로젠버그(Marshall Rosenberg)는 결속의 의미를 내 삶과 다른 사람들의 삶을 풍요롭게 만드는 일을 하는 것이라고 정의했다. 프뤼터는 이 모토를 직관적으로 따랐다. 그 결과 프뤼터는 고객들의 삶을 풍요롭게 만들어줄 뿐만 아니라 다른 사람들의 마음을 얻는 경험을 할 수 있었다.

부드럽게 마음의 벽을 허무는
7가지 자세

공감적 소통을 위한 이상적인 전제 조건은 미국의 심리학자 칼 로저스(Carl Rogers)가 공감적 이해를 바탕으로 교육을 할 때 필요하다고 주장한 전제 조건과 비슷하다. 그래서 우리는 로저스가 내세운 항목들을 코칭에 맞게 새롭게 적용했다. 총 일곱 가지다.

- 조건 없는 호의
- 가치 존중
- 진정한 관심
- 가치 중립

- 지지
- 확신과 신뢰
- 감정 허용하기

- **조건 없는 호의**

  교류는 조건에 좌우되면 안 된다. 사람들은 타인을 자신의 기대에 따라 판단하는 경향이 있다. 만약 자신이 생각했던 것과 다르게 행동하면 사람들은 그 사람을 거부해버린다. 우리는 타인을 있는 그대로 받아들이는 법을 배워야 한다. 상대방이 할 수 없거나 하고 싶지 않은 것을 요구해서는 안 된다. 예를 들어, 계산대 직원 프뤼터는 항상 똑같은 태도로 모든 고객들을 대한다. 불친절한 고객들이라고 해서 거부하는 태도를 취하지 않는다. 아래 문장을 기억하자.

  "너는 내가 원하는 것과는 다르게 행동하지만, 나는 너를 받아들인다."

- **가치 존중**

  상대방의 욕구는 나의 욕구와 다를 수 있지만 유대감을 형성하려면 존중해줘야 한다. 예를 들어, 프뤼터는 서두르지 않고 공감대를 형성하는 것에 가치를 두고 일하려는 욕구를 가지고 있다. 그런 반면에 어떤 고객들은 가능한 한 빨리 계산을 마치고 싶어 한다. 그는 이런 차이를 존중하고 모든 고객들에게 맞는 절충점을 찾는다. 아래 문장을 기억하자.

"나는 너의 욕구가 나와 전혀 달라도 너를 존중한다."

• 진정한 관심

다른 사람이 어떻게 지내는지, 무엇을 느끼는지, 어떤 경험을 했는지 정말 관심이 있는가? 사람들은 대부분 상투적으로 질문을 던지고, 상대방의 대답에 집중하지 않는다. 마음에서 우러나는, 즉 꾸미지 않은 관심이 유대감을 더욱 돈독하게 만든다. 예를 들어, 프뤼터는 진심으로 고객들에게 관심을 갖고 질문하는 데 시간을 아끼지 않는다. 그렇게 고객들에 대해 많은 것을 알게 되고 다음에 다시 만났을 때 부인의 건강이 회복되었는지 또는 아이들은 잘 지내는지 다시 물어보며 친밀감을 형성한다. 아래 문장을 기억하자.

"너는 지금 이 순간 나와 관련되어 있는 사람이기 때문에 나는 너에게 관심을 가진다."

• 가치 중립

관계에서는 상대방의 자율성을 인정해주는 것이 반드시 필
요하다. 그래서 다른 사람을 통제하려고 하거나 가르치려고
하면 안 된다. 간단히 말해서 마음을 열고 부정적인 가치 판
단을 피하고 다른 가치 판단 체계를 받아들이는 것을 의미
한다. 그렇지 않으면 우리는 상대방에게 자신의 가치를 강
요하게 되고 상대방을 거부하게 되며 상대방을 더 이상 미
러링하지 못한다. 예를 들어, 프뤼터는 고객들의 태도에 대
해 함부로 판단하지 않는다. 고객들의 의견이 다르더라도
받아들이고 이들에게 마음속으로 부정적인 딱지를 붙이지
않는다.

그러나 알렉스와 베아의 사례를 떠올려보자. 먼저 공감을
할 생각 없이 베아는 알렉스를 '게으르고 추진력이 없다'고
평가했고, 알렉스는 베아를 '깐깐하고 신경질적'이라고 평
가했다. 하지만 미러링을 한 후에는 서로를 받아들인다. 아
래 문장을 기억하자.

"나는 주관적으로 너의 가치를 판단하거나 가르치려 들지
않는다."

- **지지**

  누군가 도움이 필요하다는 생각이 들면 혹시 도움이 필요한지 물어봐야 한다. 격려나 조언을 해줄 때도 마찬가지다. 누구든 때때로 우리의 지지를 필요로 한다. 예를 들어, 프뤼터는 고객들이 어느 정도의 관심과 대화를 원하는지 파악할수 있는 감각을 길렀다. 그래서 필요하면 조언해주고 고객들을 서로에게 소개해주며 마음을 열고 소통할 수 있는 분위기를 만든다. 아래 문장을 기억하자.

  "네가 원한다면 나는 언제든 너를 도와주고 응원해줄게."

- **확신과 신뢰**

  우리는 사회적 존재로서 서로에게 의존하고 있다. 그래서관계를 의심하거나 신뢰를 깨트리는 행동은 하지 말아야 한다. 아주 작은 실수만으로도 신뢰가 깨지고 관계에 틈이 생길 수 있다. 예를 들어, 프뤼터는 항상 고객들에게 친절하고진심 어린 태도를 보인다. 그의 고객들은 항상 자신이 이해받고 있다는 믿음을 가질 수 있다. 그렇기 때문에 계산대 앞에서 오래 줄을 서서 기다리는 것을 기꺼이 감수한다. 아래문장을 기억하자.

"우리 관계가 제멋대로 요동치는 일은 없을 거라는 확신을
너에게 줄게."

- **감정 허용하기**

  누가 어떤 감정을 표현하든 그 사람은 그럴 권리가 있다. 슬
  픔, 분노, 불안 또는 실망처럼 부정적인 감정들이라고 해도
  말이다. 감정들을 무시하고 감정을 없애려고 하면 더 깊은
  절망감에 빠진다. 감정을 수용하는 것이 미러링의 가장 중
  요한 특징이며 신뢰할 수 있는 분위기를 만들어준다. 예를
  들어, 프뤼터는 부인을 잃은 고객의 슬픔을 미러링한다. 부
  정적인 감정을 무시하거나 대수롭지 않은 반응으로 거부하
  지 않는다. 아래 문장을 기억하자.

  "네가 나에게 너의 감정을 보여줄 수 있게 허락할게. 나는
  너를 전적으로 이해할 거야."

당신은 어떻게 대우받고 싶은가

당신의 욕구, 소망, 의도를 명백히 알고 있어야만 다른 사람들

의 욕구, 소망, 의도를 이해할 수 있다. 당신의 마음을 잘 들여다보자. 당신은 어떤 대접을 받고 싶은가? 그것을 정확히 알게 되면 바로 그 대접을 다른 사람들에게 해주기 더 쉬워진다. 다른 사람들로부터 존중, 호의, 공감을 받고 싶은가? 그렇다면 먼저 당신이 다른 사람에게 존중, 호의, 공감을 베풀어라.

물론 당신은 왜 나는 다른 사람들에게 대접받지 못하는데 먼저 대접해줘야 하느냐고 불평할 수도 있다. 하지만 그렇게 생각하면 아무것도 바뀌지 않는다. 당신이 원하는 것을 상대방에게 먼저 주면 시간이 지나면서 다시 전부 돌려받을 수 있을 테니 걱정하지 마라. 당신의 모든 말과 행동이 상대방이 따라하도록 동기부여를 하고 있기 때문이다. 슈퍼마켓 계산대 직원 프뤼터의 사례가 이를 보여주는 확실한 증거다. 프뤼터 씨는 익명성이 지배하는 일터를 성공적인 커뮤니케이션이 이루어지는 곳으로 바꿔놓았다. 이것이 바로 긍정적인 피드백이 순환되는 현상이다.

말의 내용보다 중요한 것, 관계

대화는 사람들 사이에 형성된 관계에 달려 있다. 직업, 육아 방법, 부부 사이의 관심사 등 어떤 내용으로 대화하든 상관없이 가장 중요한 것은 서로의 관계다. 관계가 무관심하거나 적대적인 방향으로 흘러가면 어떤 내용으로 대화하더라도 제대로 할 수 없다. 하지만 미러링을 통해서 관계를 형성하는 데 성공하면 민감한 주제에 대해서도 평온하게 대화를 나누고 합의에 이를 수 있다.

결국 대화는 내용보다 '관계'가 중요하다. 우리는 주로 어떤 목적을 이루기 위해서 대화한다. 단지 정적을 깨기 위한 수단일 때도 있지만 대부분 분명한 목적을 가지고 있다. 그리고 베아와 알렉스의 경우처럼 대화에는 항상 상위 목표와 구체적인 목표가 있다. 다음 사례에서도 마찬가지다.

●········· 화가 난 고객을 다독이는 법

#갑자기 항공편이 취소됐다고요?

한 남자는 지금 몹시 화가 났다. 그는 항공사 창구 앞에 서서 팔을 마구 휘저으며 소리를 지른다. "내 항공편이 취소됐어요! 이게 말이 돼요? 중요한 회의가 잡혀 있는데 참석하지 못하면 엄청난 기회를 날리게 된다고요!" 직원은 자리에서 벌떡 일어난다. "아니, 정말요? 생각만 해도 끔찍하네요!" 하고 외친다. "고객님에게 그런 일이 일어나면 정말 큰일이죠!" 직원의 반응에 남자는 흥분을 조금 가라앉힌다. 여전히 흥분했지만 전보다는 현저히 낮아진 목소리로 묻는다. "이제 어떻게 되는 겁니까?" 항공사 직원은 다시 자리에 앉아 키보드를 열심히 두드린다. "제가 알아볼게요. 확답을 드릴 수는 없지만 다른 항공사로 예약을 변경할 수 있을지 확인해보겠습니다." 그러자 남자는 점점 흥분을 가라앉힌다. "고맙습니다. 그렇게 해주신다면 정말 좋겠어요."

이 사례에서 항공사 직원은 화가 난 남자를 미러링했고, 그에게 다음과 같은 신호를 보냈다. '나는 당신이 화가 난 사실을 이해하고 당신의 감정을 인정합니다.' 직원은 미러링을 통해 고객의 분노를 상당 부분 가라앉힐 수 있었다. 아주 성공적인 미러링의 사례라고 할 수 있다. 하지만 안타깝게도 정반대의 일들이 자주 벌어진다. 예를 들어, 직원이 짜증 난 목소리로 "여기서 소란 피우지 마세요! 혼자만 못 탄 거 아니잖아요"라고 대응하는 경우 상대방의 감정은 극단으로 치닫게 된다.

당신도 분명히 이와 비슷한 상황을 한 번쯤은 겪어봤을 것이고 이때 느끼는 좌절감을 잘 알고 있을 것이다. 하지만 항공사 직원은 아주 적절하게 대처했다. 직업상 많은 사람들을 대하다 보니 상대방의 감정을 차단해봤자 상황이 나빠진다는 것을 경험을 통해 알고 있었을 것이다. 어쩌면 고객과의 갈등을 원만히 해결하는 법을 배웠을지도 모른다. 어쨌든 이 항공사 직원은 미러링의 긍정적인 효과를 이해했고 이상적으로 실행에 옮겼다.

●········ 감정적 허용으로 대처하기

당신이 상대방을 미러링하는 동안 상대방은 숨을 돌릴 수 있다. 부정적인 감정들이 누그러지며 가장 이상적인 경우에는 부정적인 감정이 저절로 사라진다. 이 상황은 공감적 소통의 전제 조건 중 '감정적 허용'에 해당된다. 분노, 짜증, 좌절은 흔히 불편하고 성가신 감정이라 생각하기 쉽지만 미러링을 할 때는 이런 감정 역시 허용한다. 그렇지 않으면 또 다른 공격성을 만들어내고 상황을 안 좋게 만든다. 1장에서 소개한 미러링 단계별로 상황을 분석해보면 항공사 직원의 대처 방식을 잘 파악할 수 있다.

- **1단계: 상위 목표 떠올리기 − 나는 무엇을 원하는가?**

  항공사 직원은 문제없이 자신이 맡은 일을 수행하려고 한다.

- **2단계: 의식적 지각 − 상대방은 지금 어떤 상태인가?**

  항공사 직원은 고객이 얼마나 화가 났는지 알아차렸고, 고객의 감정을 거부하지 않고 진지하게 받아들였다.

- **3단계: 감정 이입을 하며 미러링하기**

  대립하거나 무심하게 반응하지 않고 화가 난 승객의 신체
  언어, 표정, 목소리 톤을 미러링하여 고객에게 자신이 존중
  받고 있다고 느끼게 한다.

- **4단계: 현재 목표의 정의**

  — 현재 상황에서 내가 원하는 것은 구체적으로 무엇인가?

  항공사 직원은 결항된 항공편 문제를 가능한 한 신속하고
  스트레스 없이 해결하려고 한다.

- **5단계: 적극적인 설계**

  고객을 미러링하고 차분하게 대화를 나눌 수 있는 상황을
  만든 후에 직원은 침착하게 현재 발생한 문제에 대한 해결
  책을 찾는다.

이 사례를 통해 다음과 같은 사실을 알 수 있다. 미러링은
당신이 상대방을 의식적으로 인지하고 이해하고 이를 구체적
인 반응을 통해서 보여줘야만 가능하다. 그리고 또 한 가지가
분명해진다. 바로 관계가 내용보다 더 중요하다는 사실이다.

대화의 내용은 고객의 정당한 항의였다. 하지만 미러링을

이용한 현명한 갈등 관리를 통해서 항공사 직원은 고객과 자신 사이에 관계를 형성하고 갈등이 증폭되는 것을 막았다. 관계의 질이 결국 모든 갈등을 누그러트린 것이다.

이해할 수 없어도
존중할 수는 있다

미러링은 미심쩍은 타협일까? 우리는 이 질문을 수시로 받았다. 미러링이 타협처럼 느껴지는 것은 인정한다. 그렇다면 타협이 나을까? 다투는 것이 나을까? 갈등 상황에서 사람들은 대부분 자신의 입장을 공격적으로 방어한다. 조금도 물러서지 않으려고 안간힘을 쓴다. 이를 통해 얻는 것은 무엇일까? 미미하거나 거의 없다. 그리고 기분은 어떨까? 불쾌하고 짜증난다.

어떤 다툼들은 사실 사소한 것에서 비롯된다. 부부나 연인 간의 갈등, 이웃 간의 갈등, 회사 동료 간의 갈등이 아주 사소한 일에서 시작해 크게 번지는 이유는 바로 '나쁜 관계' 때문이다. 예를 들어, 어떤 동료를 싫어하면 그가 탕비실에 다 쓴 커피 잔을 그대로 두고 간 것만으로 화가 나서 다툼으로 번질 수 있다. 자세히 들여다보면 이 다툼은 씻어 놓지 않은 커피 잔 때문이 아니라 상대방을 향한 안 좋은 감정 때문에 일어난 것이다. 최소한 당사자 중 한 명은 지속적으로 자신이 이해받지 못하거나 존중받지 못했다고 느끼고 있는 것이다.

 솔직함이 문제가 되는 이유

BAD CASE ✕

#저 지금 진실만 말하고 있는데요?

펜야는 30대 초반의 여성으로 자신의 삶에 대해 만족하지 못하고 있다. 직장이나 사람들과의 관계나 모든 것들이 불만투성이다. 펜야는 어느 날 상사가 주최한 파티에 초대받아 간 자리에서 과음을 한다. 술기운이 돌자 혀가 풀리면서 머릿속에 든 생각을 거침없이 내뱉는다. "아, 대표님이랑 하룻밤 같이 보내고 싶다." "저기 쟤 좀 봐, 진짜 뚱뚱해." 옆에 있던 사람이 깜짝 놀라서 지금 많이 취한 것 같다고 귓속말하자

펜야는 이렇게 말한다. "뭐라는 거야! 나는 지금 완전 진실만을 말하고 있거든?"

누구나 술에 취해 내뱉은 말 때문에 나중에 창피해서 쥐구 멍에라도 숨고 싶었던 순간이 있을 것이다. 아니면 밤늦게 혼 자 술을 마시다가 전 연인에게 전화를 걸어 횡설수설 고백을 한 경험도 있을 것이다. 그것이 진짜 속마음이라 할지라도 나 중에 후회하기 마련이다. 우리가 감정을 있는 그대로 다 솔직 하게 얘기하지 않는 것은 다 이유가 있다. 감정을 절제하지 않 으면 사회의 금기를 깨기 쉽기 때문이다. 술이 원인일 때도 많 지만 어떤 사람은 술기운 없이도 종종 감정을 절제하지 않고 속마음을 이야기하며 타인에게 상처를 주거나 눈총을 받는 행동을 한다.

사람들은 흔히 진실은 무조건 옳다는 잘못된 생각을 가지 고 있다. 이러한 생각은 일종의 나르시시즘으로 소통과 해결 을 방해하며, 감정을 절제하지 못하고 폭발하는 모습은 미성 숙해 보이기까지 한다. 다음 사례를 통해 관계가 나쁜 동료와 함께 프로젝트를 진행할 때, 속마음을 다 드러내고 소통하는 경우와 대화의 목표를 확인하고 적절히 속마음을 컨트롤하며 소통하는 경우를 비교해 살펴보자.

●········ 개인적인 감정으로 프로젝트를 망치는 사람

BAD CASE ✕

#그럼 그렇지! 당신은 제대로 하는 게 뭐야?

직장 동료인 군터와 팀은 사이가 좋지 않다. 두 사람 모두 행동을 잘 제어하지 못하고 다혈질적이다. 여러 프로젝트에서 협력해야 하지만 둘 중 아무도 상대방에게 맞춰줄 생각이 없다. 오늘도 어김없이 두 사람은 부딪친다. 군터는 팔짱을 끼고 위협적인 자세로 앉아 있는 팀 앞에 섰다. "내가 메일로 요청한 자료 다 준비했어요?" 팀은 의도적으로 무심하게 의자에 등을 기댄다. "아, 그 자료요? 아니요, 왜요?"

군터는 눈알을 굴린다. "그럼 그렇지! 당신은 제대로 하는 게 뭐야!"

팀은 손가락으로 이마를 톡톡 두드린다. "뭐라고요? 내가 왜 당신 일을 대신 해줘야 해? 내가 왜 당신을 위해서 자료를 준비해줘야 하냐고!"

군터는 옆구리에 손을 올린다. "내가 당신한테 부탁했잖아! 당신은 항상 전혀 협조할 생각이 없지."

팀은 천장을 올려다본다. "대체 왜 저러는 거야?"

군터는 비웃듯 입을 삐죽거린다. "나도 마찬가지거든?"

팀은 노골적으로 모니터만 쳐다본다. "당신 일은 알아서 해. 난 빠질 거야."

군터와 팀은 각자 속 시원하게 할 말을 다 했다고 생각할 수 있다. 하지만 관계를 더욱 나빠지게 하는 말들이 얼마나 진실했다고 생각하는가? 나중에 물어보면 군터와 팀 같은 사람들은 "저는 제정신이 아니었어요" 또는 "제가 왜 그랬는지 모르겠어요"라고 대답한다. 이렇게 말함으로써 자신들이 진실하게 행동한 것이 아니라 제정신이 아니었다는 것을 결국 인정한다.

진실하다는 것은 자신의 생각과 느낌을 솔직하고 정직하게 말하되 사회적 필터를 장착하고 상대방을 존중하며 말하는 것을 의미한다. 사실 요청한 자료를 준비했냐는 군터의 질문 자체는 문제가 없다. 그러나 두 사람은 지속적인 다툼을 벌이는 사이이기 때문에 처음부터 공격적인 분위기가 흘렀다. 군터가 질문을 할 때부터 위협적인 자세를 취해 신체 언어로 위압감을 줬기 때문이다. 그러자 팀은 의자에 등을 기댐으로써 의식적으로 군터의 감정에 반대로 반응한다. 언쟁을 벌이면서 두 사람은 말, 표정, 신체 언어로 비대칭성을 더욱 강화시킨다. 결국 갈등은 폭발한다. 둘 중 한 사람도 합의할 생각은 없어 보인다. 두 사람 다 미성숙하고 현명하지 않게 행동하며 상황이 더욱 고조되게 온 힘을 다한다.

승자 없는 싸움에서
벗어나는 법

현대 사회에는 이상한 모순이 있다. 기술과 지적 능력은 계속 발달하는 반면에 점점 더 많은 사람들이 타인과 관계를 맺을 땐 아이처럼 행동을 한다. 우리는 살아가는 내내 계속 배워나가야 한다. 새로운 기술 발전에 발맞춰서 잘 따라가야 하며, 업무 능력도 계속 발전시키고 증명해야 한다. 하지만 관계를 맺는 능력에 대해서는 크게 신경 쓰지 않는다.

어린아이는 자기밖에 모르고 이기적으로 굴 때가 많다. 다른 사람을 배려하고 자신의 욕구를 자제하는 법을 아직 배우지 못했기 때문이다. 그런데 어른이 되어서도 아이처럼 구는 사람들이 있다. 많은 아이들이 외동으로 자라고 가족이 함께 보낼 수 있는 시간이 부족해서인지, SNS가 자기중심적인 성격을 형성해서인지 미성숙한 행동을 보이는 사람들이 많아지고 있다. 이들은 다른 사람을 배려하거나 존중하지 않고 함부로 대해도 되는 권리를 갖고 있다고 생각한다.

성숙한 진정성이란 성찰하는 것이다. 자신의 감정을 잘 의식하고 있으며 상대방과의 관계를 위협하거나 악화시키지 않는 범위 내에서 상대방에게 무엇을 요구할 수 있는지 헤아리는 것이다. 만약 군터의 현재 목표가 준비된 자료를 확인하는 것이며 상위 목표는 장기적으로 팀과 좋은 협력 관계를 만드는 것이라고 가정해보자. 그렇다면 껄끄러운 관계, 준비되지 않은 자료에 대한 불만, 팀의 도발적인 태도 등 부정적인 사실들을 뒤로하고 갈등 없이 프로젝트를 성공적으로 완성할 수 있도록 노력해야 한다. 그러기 위해서는 자신의 동료를 의식적으로 미러링하고 협업할 수 있는 방향으로 이끌어야 한다.

●········ 원수 같은 동료를 내 편으로 만드는 법

#할 일이 많다는 거 잘 알고 있어요

군터는 의자를 가지고 와서 팀이 앉아 있는 책상 곁에 다가와 앉으며 팀과 비슷한 자세를 취하려고 각별히 신경 쓴다. 그리고 묻는다. "내가 메일로 부탁한 자료 혹시 준비됐어요?"

팀은 일부러 천천히 등을 의자에 기대고 다리를 꼬면서 군터와 거리를 두고 있다는 것을 신체 언어로 표현한다. "아, 그 자료요? 아니요. 왜요?"

군터도 이제 똑같이 등을 의자에 기대고 다리를 꼰다. "할 일이 많다는 거 잘 알고 있어요. 자료 준비하는 것을 깜빡했다고 해도 충분히 이해할 수 있어요. 그런데 다음 주에 우리 프로젝트에 대한 프레젠테이션을 해야 하잖아요. 혹시 내일까지 가능할까요? 너무 부담스러우면 팀장님한테 다른 직원을 추가로 투입시켜 달라고 부탁해볼게요."

팀은 자세를 똑바로 고쳐 앉는다. 그는 어리둥절한 표정으로 군터를 쳐다본다. "그럴 필요가 있을까요? 당연히 내일까지는 충분히 할 수 있어요."

> 군터는 자리에서 일어난다. "다행이네요. 자료 준비가 언제 끝날지 대
> 략적인 시간을 알려줄 수 있어요?"
> 팀도 마찬가지로 자리에서 일어난다. "내일 오후 2시요."
> 군터는 엄지를 치켜세운다. "내일 2시. 좋아요. 고마워요. 그럼 팀만 믿
> 을게요."
> 팀도 마찬가지로 엄지를 치켜세운다. "천만에요."

이 대화에서 볼 수 있는 특징은 군터가 처음부터 팀과 같은
자세를 취함으로써 공통점을 만들어냈다는 것이다. 그는 유
대감을 형성하기 위해 대화를 하면서 팀의 신체 언어를 시종
일관 따라 한다. 그렇지만 말로는 분위기를 바꾼다. 그는 팀이
무심하게 "아, 그 자료요? 아니요. 왜요?"라고 대답해도 똑같
이 반응하지 않고 공감해주는 대답을 한다. "할 일이 많다는
거 잘 알고 있어요. 자료 준비하는 것을 깜빡했다고 해도 충분
히 이해할 수 있어요." 내심 팀이 자신의 부탁을 일부러 미뤘
다는 생각이 들더라도 비난의 말을 입 밖으로 꺼내는 실수를
하지 않는다. 그렇게 함으로써 부정적인 감정을 피하면서 침
착한 태도를 유지할 수 있다.

마지막에 군터는 팀이 마감 시간을 스스로 정하게 한다. 그
리고 군터는 "그렇다면 해가 서쪽에서 뜨겠군요", "약속을 제

대로 지키는지 두고 보겠습니다"와 같이 비아냥거리는 투로 말하지 않고 고마워하며 그를 믿는다고 말한다. 두 사람 사이에 관계가 형성됐다는 것은 팀이 마지막에 군터의 신체 언어를 미러링하는 것을 통해서 알 수 있다. 팀도 마찬가지로 자리에서 일어나서 엄지를 치켜세웠다.

이 대화는 아주 이상적으로 진행되었다. 여기서 성공적인 커뮤니케이션을 가능하게 한 중요한 요소들을 포착할 수 있다.

- 신체 언어 미러링하기
- 공감의 신호 보내기
- 상대방이 한 말 미러링하기
- 비난하지 않기
- 존중하기
- 일정 합의하기
- 신뢰하고 있다고 표현하기

여기서 또다시 이런 질문이 떠오를 수 있다. 군터가 저자세를 취한 것 아닌가? 절대 그렇지 않다. 군터는 감정에 의존하지 않고 건설적으로 행동하며 미러링을 통해 짜증, 스트레스, 프로젝트가 무산될 위험 등을 지능적으로 피했다.

●⋯⋯⋯ 미러링은 나를 위한 것이다

상대방을 미러링하는 것은 저자세를 취하는 행위가 아니다. 상황을 내가 원하는 방향을 이끌기 위해 현명하게 처신하는 것이다. 상대방에게 너무 맞춰주는 것처럼 느껴질 수 있지만 어떤 순간에도 당신은 자기 자신으로 남아 있다. 만약 당신이 아이의 눈높이에 맞춰서 과장되게 기쁨을 표현하고 높은 목소리 톤으로 말하는 것을 '진정성 없는 태도'라고 생각하지 않는 것처럼 말이다. 이와 마찬가지로 당신은 다른 모든 사람을 미러링할 수 있다.

미러링은 상대방을 위한 것이 아니다. 나를 위한 것이다. 위의 사례에서 군터가 성숙한 태도로 팀이 알아차리지 못하게 팀을 자신의 편으로 만들어버렸듯이 말이다. 미러링은 다음과 같은 장점이 있다.

- 갈등 없이 소통할 수 있다.
- 당신의 관점에 대해 더 많은 이해를 이끌어낼 수 있다.
- 의견이 다르다고 해도 당신의 이미지에 해가 되지 않는다.

그야말로 원-원 전략이다. 우리는 흔히 상대방의 비위를 맞추며 이익을 얻는 기회주의자들에 대해 반감을 가지고 있다. 이와 마찬가지로 우리에게 필요 없는 물건을 어떻게든 팔기 위해 감언이설을 늘어놓는 장사꾼들을 좋아하지 않는다. 하지만 미러링은 이런 것들과 다르다. 따라서 당신이 상황을 주도하는 사람이라는 사실에 죄책감을 가질 필요가 없다. 상대방이 당신의 의도에 따르는 것은 당신이 누군가에게 먼저 다가간 것에 대한 보상이다. 당신은 협력과 호감이라는 보너스를 받을 만한 가치가 충분하다.

● ·········· **정치인의 우아한 토론 태도**

얼마 전 한 토크쇼에서 한 장관과 정치적 라이벌인 출연자 사이에 논쟁이 벌어졌다. 그러나 장관은 반대 의견을 내는 출연자에게 탁월한 발언을 했다며 칭찬을 아끼지 않았다. 그러자 진행자는 곧바로 무슨 의미로 칭찬한 건지 되물었다. 혹시 아부하는 것은 아닌지 질문한 것이다. 장관은 고개를 젓고 미소를 지었다. "저와 입장은 다른 분이지만 우리는 서로를 상당히 좋아합니다." 그러자 진행자뿐만 아니라 다른 출연자들도 어리둥절했다. 그리고 장관은 덧붙였다. "우리가 서로를 헐뜯고 싸워서 뭐하겠어요? 우리는 단지 의견이 다를 뿐인 걸요!"
토크쇼가 계속 진행되는 동안 다른 출연자들은 장관을 특별히 존중하며 대했고 덕분에 장관의 긍정적인 이미지는 더욱 높아졌다. 모두들 장관이 이 토크쇼의 숨은 승리자라는 사실에 이견이 없었다.

그는 아주 현명한 정치인이다. 이 정치인은 어떤 주제에 대해 첨예하게 대립할 때 공감대를 형성하는 대화 분위기가 반드시 필요하다는 것을 알고 있었다. 그래야 서로 상처를 주고받지 않으면서 좋은 이미지를 구축할 수 있다는 것 또한 알고 있었다. 이 정치인은 다른 정치인들과 달리 라이벌을 비방하는 대신 존중하고 이해하는 태도를 보여주면서 탁월한 감정이입 능력을 증명했다. 그가 좋은 분위기를 만든 덕에 출연자들 역시 실질적인 주제에 대해 집중하여 토론할 수 있었다.

이 사례를 통해 모두에게 이익이 돌아가는 관계의 기반을 만드는 것이 얼마나 중요한지 알 수 있다. 미러링을 하는 사람은 불미스러운 충돌에 휘말리지 않기 때문에 훨씬 더 호감 있고 주체적인 사람으로 보인다. 이들은 눈에 띄지 않게 상황을 컨트롤할 수 있다. 자신이 달성하려는 목표가 무엇인지, 그 목표를 '어떻게' 달성하려고 하는지 잘 알고 있기 때문이다.

우연에 기대지 말고
계산적으로 대화하라

바다 위에서 일하는 항해사를 떠올려보자. 배가 목적지에 잘 도착할 수 있도록 항해사는 올바른 방향을 선택해야 하며 위험한 암초도 잘 피해서 항해해야 한다. 대화할 때도 마찬가지다. 당신이 원하는 방향을 알고 공감 능력으로 돛을 어떻게 올려야 하는지 알아야 한다. 그다음에는 컨트롤의 문제가 남아 있다. 특히 까다로운 주제에 대해 이야기하거나 심각한 문제가 있을 때 말이다. 어떻게 하면 대화를 좋은 방향으로 이끌어갈 수 있을까? 어떻게 하면 상대방이 태도를 바꿔서 당신이 원하는 방향으로 따라오게 만들 수 있을까?

사람들은 흔히 이 점을 신경 쓰지 않는다. 자신의 의견을 말하는 데 집중하느라 대화가 전체적으로 어떤 방향으로 흘러가는지 모른다. 그러다 뒤늦게 왜 대화가 순조롭지 않았는지, 왜 의견 차이만 확인하고 끝나버린 건지를 생각하며 괴로워한다.

●········· 공감적 컨트롤은 조용히 이루어진다

당신이 온갖 암초를 뚫고서라도 이 대화를 어떻게 현명하게 끌어갈지 진지하게 생각하지 않으면 결과는 불만족스러울 수밖에 없다. 하지만 당신이 마지막에 상대방과 웃으며 헤어지겠다는 강력한 의지를 가지고 있으며, 미러링 노하우를 잘 알고 있다면 당신이 원하는 목적지까지 적극적으로 나아갈 수 있다. 공감적 컨트롤은 조용히 이루어진다. 이는 관심, 신뢰 그리고 다른 사람들을 파악하는 안목을 바탕으로 한다.

자기중심주의로 돌아가는 사회에서 우리는 다른 사람들에게 많은 것을 기대한다. 배우자 또는 연인은 당연히 자신을 행복하게 해줘야 하고, 아이들은 당연히 자신에게 즐거움을 줘야 한다. 상사는 자신의 실적을 칭찬해줘야 하고 동료들은 자신에게 호감을 가지고 친절하게 대해줘야 마땅하다. 우리는 뭐든지 받고 싶어 한다. 충분히 이해할 수 있는 욕망이다. 그렇지만 우리는 이런 관계에서 자신의 역할은 무엇인지 자문하는 경우는 드물다. 그리고 모든 것이 우리 뜻대로 진행되지 않을 때 실망하며 고개를 돌리는 대신에 자신이 주도권을 쥐어야 한다고 생각하는 경우는 더욱 드물다.

●········· 대화의 주도권을 잡는 5단계

쇼가 시작되기 전에 바람잡이가 먼저 나와서 관객들의 기분을 즐겁게 끌어올리고 긴장을 풀어주는 것을 본 적 있을 것이다. 미러링도 일종의 워밍업이라고 할 수 있다. 이 워밍업의 목적은 단 한 가지다. 바로 당신이 주도권을 가지는 것이다. 주도권이라는 단어가 딱딱하게 들릴지 모르지만, 주도권을 가지는 것은 상대방을 격려하고 동기를 부여해주는 공감적인 커뮤니케이션 태도를 취하는 것이다.

당신이 주도권을 가지면 상대방은 당신의 말에 더 관심을 기울이고 당신의 제안에 자발적으로 따르게 된다. 상대방은 이 제안이 자신에게 맞춰져 있다는 것을 알기 때문이다. 당신이 워밍업을 거쳐 본격적으로 대화의 주도권을 갖는 과정을 단계별로 정리하면 다음과 같다.

- 1단계: 대화 상대와 당신이 비대칭적인 상태라는 걸 파악한다.
- 2단계: 당신이 대화 상대를 미러링하기 시작하자 상대는 마음이 편안해지는 것을 느끼고 서로 마음이 통한다고 생각한다.
- 3단계: 당신의 대화 상대도 당신을 미러링한다.
- 4단계: 당신은 상대방과 대립하지 않고도 적극적으로 당신의 목표를 향해 대화를 컨트롤한다.
- 5단계: 당신과 대화 상대는 동기화된다. 당신은 이제 의도한 대로 자유롭게 상대방을 이끌어갈 수 있다.

•········ 게임 때문에 싸우는 커플의 해결법

많은 연인들이 각자 빠져 있는 무언가 때문에 많이 싸운다. 여자는 남자와 함께 더 많은 시간을 보내고 싶은데, 남자는 게임에 빠져 연락을 받지 않는다거나, 남자는 여자와 눈을 맞추고 이야기하고 싶은데, 여자가 드라마나 SNS에 빠져 있는 경우들 말이다. 아래에 소개할 사례도 마찬가지다. 카렌은 최근에 연인 토마스와 동거를 시작했다. 그런데 토마스가 게임 중독이 의심될 정도로 컴퓨터 게임을 지나치게 좋아해 카렌은 섭섭했다. 카렌은 토마스와 함께 소파에 누워서 영화를 보거나 맛있는 요리를 만들어 먹고 싶지만 토마스가 컴퓨터 앞에서 떨어지게 만들기 쉽지 않았기 때문이다.

둘의 싸움은 매번 이런 식이었다. 토마스는 마치 마법에 걸린 듯 컴퓨터 앞에서 꼼짝도 하지 않고 카렌은 갑자기 방에 들어가 토마스 뒤에 선다. 카렌은 언제까지 게임만 할 거냐고 짜증을 내고 토마스 역시 짜증 섞인 말투로 방해하지 말라고 중얼거린다. 신경질적인 말들이 오가고 토마스가 마지못해 게임을 끝내고 일어나지만 마음이 풀릴 때까지 시간이 걸린다. 카렌은 오늘만큼은 꼭 평화롭고 행복하게 저녁을 보내고 싶다. 위에 소개한 5단계에 따라 카렌이 어떻게 토마스를 컨트롤하는지 살펴보자.

- **1단계: 카렌은 토마스의 상황을 관찰하며 대립적인 행동을 피한다**

    카렌은 조용히 토마스의 방으로 들어간다. 토마스는 정적인 자세로 컴퓨터 앞에 앉아 게임에 푹 빠져 있다. 카렌은 큰소리를 내거나 요란스럽게 다가가는 대신 컴퓨터 화면을 들여다보며 토마스가 '니드 포 스피드' 게임을 하고 있다는 것을 알아차린다. 카렌은 조용히 토마스가 가장 좋아하는 시원한 콜라 한 잔을 가져다준다.

- **2단계: 카렌은 토마스의 행동을 따라 하며 미러링한다**

  카렌은 책상 맞은편에 앉는다. 그리고 휴대폰을 꺼내 페이스북에 올라온 게시물을 구경한다. 그러자 토마스는 컴퓨터 화면에서 눈을 떼지 않고 중얼거린다. "콜라 갖다 줘서 고마워." 카렌도 휴대폰에서 눈을 떼지 않고 중얼거린다. "천만에." 토마스는 콜라를 한 모금을 마시고 잠깐 카렌 쪽을 쳐다본다. "안녕, 자기야." 이제 카렌도 마찬가지로 그를 잠깐 쳐다본다. "자기야, 니드 포 스피드에서 몇 점이나 기록했어?" 토마스는 자신의 컴퓨터를 들여다본다. "역대급이야. 게다가 오늘 루카를 이겼어." 카렌은 휴대폰을 들여다보며 말한다. "우와, 챔피언 루카를 상대로 이겼다고?"

- **3단계: 토마스는 카렌을 미러링하기 시작한다**

  토마스는 잠깐 멈추고 카렌 쪽을 한참 쳐다본다. "그러니까. 온라인에서는 내가 영웅이야. 대단하지?" 카렌은 웃으며 쳐다본다. "내 애인이 영웅이라니, 자랑스럽네." 이제 토마스도 웃으며 카렌의 눈을 직접 쳐다본다. "페이스북에는 뭐 재밌는 거 있어?"

• 4단계: 카렌이 컨트롤을 시작한다

카렌은 휴대폰을 내려놓고 머리 뒤로 손깍지를 낀다. "딱히 없어. 그런데 어제 하요가 사무실에서 '어쌔신 크리드' 최신 버전 샀다고 자랑했어." 토마스는 게임을 잠시 멈추고 카렌과 마찬가지로 머리 뒤로 손깍지를 낀다. "진짜? 최신 버전이 언제 나왔지? 어떻대?" 카렌은 토마스를 향해 몸을 숙인다. "부엌 가서 얘기해줄게. 배고프지?" 토마스도 마찬가지로 카렌을 향해 몸을 숙인다. "엄청 배고파. 나 어제 저녁부터 제대로 못 먹었어." 카렌은 자리에서 일어난다. "좋아. 내가 샐러드 만드는 동안 자기는 냉동 피자 좀 데워." 토마스도 자리에서 일어난다. "하요는 최신 버전으로 게임해봤대?" 두 사람은 얘기를 하며 부엌으로 가서 같이 식사를 준비하고 오후 시간을 함께 소파에서 보낸다. 아무런 다툼도 없이.

카렌은 아주 똑똑하게 토마스를 컨트롤했다. 토마스의 방에 공격적으로 들이닥쳐서 게임을 중단시키는 대신에 콜라를 가져다주면서 토마스가 컴퓨터 앞에 앉아 있는 것을 용인한다는 신호를 보냈다. 카렌은 그의 욕구를 존중해준 것이다. 그런 다음 그와 마찬가지로 앉은 채로 휴대폰을 들여다보면서 그의 행동을 미러링한다. 그리고 게임에 관해 말을 걸며 관심 주제를 미러링한다. 그렇게 성공적인 대화를 위한 기반이 만들어진다. 카렌은 토마스가 여가시간을 보내는 것에 대해 평가하지 않고 인정해준다. 카렌이 방으로 들어오는 순간 또 다툼이 시작될 것이라 걱정했던 토마스도 서서히 긴장을 풀고 카렌을 미러링하기 시작한다. 그다음 카렌은 컨트롤을 시작하고 토마스가 게임을 좋아하는 것을 여전히 이해해주면서 대화 주제를 저녁 식사로 자연스럽게 유도한다.

●········· 만약 그래도 상대방이 반응하지 않는다면?

당신은 이 사례를 읽으며 당신이 겪었던 유사한 상황들을 머릿속에 떠올렸을 것이다. 다음에 기회가 있을 때 공감적 미러링을 시도해보자. 상대방에게 집중해보자. 상대방의 생각과 감정을 똑같이 느껴보자. 상대방을 미러링한 다음에 주도면밀하게 컨트롤하자. 공감적 소통에 어느 정도 익숙해지면 상대방과 대화를 할 때마다 당신이 어떤 단계에 있는지 직관적으로 느낄 수 있게 된다.

주의할 점은 상대방도 당신을 미러링하는지 살펴보는 것이다. 토마스는 카렌이 미러링을 하자 곧바로 따라 카렌을 미러링했지만, 오랫동안 일방적으로 미러링해야 하는 경우도 있다. 그렇더라도 인내심을 발휘하자. 비슷한 행동, 표정, 말투 등 공감적 신호를 더욱 강화해서 전해보자.

이때 상대방이 한 말에 대해 더 상세하게 되묻는 질문을 하는 것이 도움이 된다. 그러면 상대방은 당신의 관심을 느끼게 되고 동시에 당신의 관점에 관심을 가지면서 당신에게도 질문하기 시작할 것이다. 이것 역시 미러링이 시작되고 있다는 신호일 수 있다. 하지만 당신도 몇 시간씩 일방적으로 미러링할 수는 없기 때문에 언젠가는 비상 브레이크를 당겨야 한다.

● ········· **서로를 존중할 때 숨겨진 능력이 발휘된다**

상대방의 마음을 읽기 위해서는 상대방을 관찰하고 분석할 수 있어야 한다. 상대방의 상태는 어떠한가? 상대방의 감정은 어떠한가? 상대방의 행동이나 욕구와 가치에 대해 했던 말들을 통해서 어떤 추론이 가능한가? 이를 바탕으로 상대방을 의식적으로 미러링하는 법을 배울 수 있다.

대화의 질은 대화 당사자들이 자신을 어떻게 드러내고 어떤 잠재력을 가지고 참여하는지에 따라 결정된다. 하지만 상대방을 무시하고 대립하려는 태도를 취하면 상대방은 자신을 보호하기 위해 뒤로 물러나고 자신의 의견이나 잠재력을 드러내지 않는다. 서로를 존중하는 분위기가 얼마나 형성되었는지에 따라 대화가 어떻게 진행될지 예측할 수 있다. 한 명이라도 의식적으로 상대방에게 공감하고 있다는 태도를 취하면 대화는 완전히 다르게 흘러간다.

앞으로 우리는 미러링을 위한 기본 태도와 이를 실제 대화에서 적용하는 방법들을 배우고 연습할 것이다. 연습하고 있다는 것을 자각하지 못할 정도로 간단한 방법들이다. 하지만 당신의 태도는 눈에 띄게 변할 것이며 당신이 하는 모든 대화가 질적으로 성장할 것이다. 우리가 앞으로 배우게 될 미러링의 중요한 요소는 다음과 같다.

- 공감적 경청
- 목소리, 표정, 신체 언어 미러링하기
- 내면적 태도와 가치체계 이해하기

- 행동 유형 파악하기

모든 요소들을 유념하여 행동하는 것이 목표다. 하지만 이성만으로는 불가능하다. 그래서 연습을 규칙적으로 반복하여 점점 내면화해야 한다. 이런 태도가 굳건하게 자리 잡으려면 상대방의 긍정적인 피드백이 도움이 될 것이다. 아주 사소한 행동이 얼마나 긍정적인 변화를 일으키는지 경험하고 나면 계속 공감적 미러링을 실천하고 싶어질 것이다.

| CHAPTER 3 |

"관계의 주도권을 잡으려면
먼저 경청하라"

타인의 생각과 욕망을 알아내기 위한 기본 자세

잘 들어야 상대방을 제대로 파악할 수 있다

듣는 것은 누구나 할 수 있다고 생각한다. 하지만 상대방의 말을 공감하며 '잘' 듣기 위해선 고도의 주의력과 집중력이 필요하다. 그리고 아무리 짧은 대화라고 해도 '듣는 시간'을 의식적으로 만들어야 한다. 상대방이 말할 때 참지 못하고 끼어들거나 지레짐작해서 자기 생각을 말하면 자신의 말을 제대로 듣지 않고 있다는 인상을 주게 된다. 일단은 대화 상대에게 맘껏 얘기할 수 있게 해줘야 한다. 이것은 절대 수동적인 태도를 취하라는 의미가 아니다. 대화 상대의 감정 상태를 미러링함으로써 당신도 함께 공동 주연이 되는 것이다.

상대방이 하는 모든 이야기는 유대감을 형성할 수 있는 계기를 제공한다. 당신이 흥미를 가지고 질문하면 상대방은 관심과 인정을 받는다고 느낀다. 상대방이 중요한 말을 하고 싶을 때 상대방이 말할 수 있도록 맞춰주도록 하자. 그렇지 않으면 배우자나 연인, 친구, 동료 그리고 아이들과의 관계를 더욱 굳건하게 만들 수 있는 중요한 순간들을 놓칠 수도 있다.

자세 1
대화 상대의 욕구를 파악하고 집중하라

대화 상대에게 온전히 집중하는 것은 쉽지 않다. 대화를 나누다가 자신도 모르게 관심이 흐트러지는 경우가 많기 때문이다. 식당이나 술집에 앉아 있는 사람들을 한 번 유심히 관찰해보자. 많은 사람들이 대화를 하다가도 핸드폰을 들여다보거나 옆 테이블에서 무슨 일이 일어나는지 쳐다본다.

대화를 할 때 반드시 상대방에게 집중해야 하는 이유는 상대방이 무엇을 원하는지 파악하기 위해서다. 지금부터 소개할 전략은 대화 속에서 상대방의 욕구를 파악해 이용하는 전략이다. 이 전략을 내면화하기 위해 대화에 집중하는 법을 연습해보자.

대화를 마친 후에 평소와 달랐던 점들을 곰곰이 생각해보자. 예컨대 대화가 평소보다 더 깊이 있고 막힘이 없었는가? 눈에 띄는 특별한 점이 있다면 기록하자. 그리고 상대방과 눈을 마주치며 대화할 때 어떤 느낌이 들었는지 생각해보자. 참고로 면접을 볼 때도 지속적으로 눈을 맞추는 것이 중요하다. 면접관들은 눈맞춤을 통해 흥미, 성실성 그리고 자신감에 대한 판단을 내리기 때문이다. 눈을 계속 쳐다보는 것만으로 내적인 유대감이 깊어진다는 실험 결과도 있다.

그럼 이제 연습을 통해 내면화한 전략을 어떻게 적용할 수 있는지 살펴보자. 이 전략은 떼쓰는 아이와 소통할 때 특히 더 효과적이다.

●········· 아이를 떼쓰게 만드는 대화 방식

> **BAD CASE** ✕
>
> ### #내 그림 좀 봐달라니까요!
>
> 아네테는 평소와 다름없이 퇴근을 하고 네 살짜리 아들 라스를 데리러 유치원에 갔다.
>
> 라스: 엄마, 내가 엄청 멋진 그림을 그렸어요. 이것 좀 봐요! 선생님이 내가 제일 잘 그렸다고 칭찬했어요!
>
> 아네테: (건성으로 쳐다보며) 잠깐만, 엄마 전화 좀 하고.
>
> 라스: 엄마, 이거…….
>
> 아네테: (휴대폰 버튼을 누른다) 라스, 잠깐만 좀 기다릴래?
>
> 아네테는 통화를 하고 라스는 풀이 죽은 채 그림을 들고 서 있다.

아네테: (시계를 들여다본다) 자, 그렇게 서 있지만 말고 어서 신발 신
       어. 할머니가 기다리고 계셔서 서둘러야 해.

라스: 엄마, 그림…….

아네테: 아, 그래 아주 잘 그렸구나. (그림을 흘깃 쳐다본다) 할머니가 같
       이 놀이터에서 놀아주실 거야. 엄마는 아직 처리해야 할 일이
       좀 남아 있어.

라스: 할머니 집 가기 싫어요.

아네테: (자동차 열쇠를 찾기 위해서 가방을 뒤적거린다) 이제 그만 찡얼
       거려. 할머니한테 그 그림을 선물하면 되겠구나.

라스: 싫어요! 이 그림은 엄마한테 줄 거야!

아네테: (고개를 돌려 앞장서서 걸어간다) 엄마는 네가 준 그림이 이미
       잔뜩 있잖니. 왜 이렇게 힘들게 굴어? 엄마가 안 그래도 스트
       레스 많은 거 안 보이니? 이제 그만 가자.

라스: 싫어! 싫다고요! 할머니한테 가기 싫어요!

아주 일상적인 상황이다. 아이는 즐겁고 한껏 들떠 있다. 하
지만 엄마는 조금도 아이의 기분을 알아주지 않는다. 아네테
는 아이를 옆에 내버려두고 통화까지 한다. 그러면서 아이에
게 한순간도 온전히 집중하지 않고 아이가 하는 말을 그냥 흘
려듣는다. 아이의 들뜬 기분은 실망감으로 돌변하고 결국 고

집을 부리고 반항하는 태도를 보이면서 아네테를 더욱 화나게 만든다. 아네테도 물론 마음에 여유가 없겠지만 지금은 아이가 엄마와 재회하는 기쁨을 맘껏 발산하고 엄마의 미러링 반응을 보고 싶어 하는 특별한 상황이다. 만약 아네테가 라스를 의식적으로 미러링한다면 어떨까?

GOOD CASE ✓

#해를 정말 멋지게 잘 그렸네!

라스:　엄마, 내가 엄청 멋진 그림을 그렸어요. 이것 좀 봐요! 선생님이 내가 제일 잘 그렸다고 칭찬했어요!

아네테:　(아들과 먼저 눈을 맞춘 뒤 그림을 들여다본다) 와, 정말 멋진 그림이구나! 특히 해를 멋지게 잘 그렸네!

라스:　그렇죠? 나만 해를 알록달록하게 그렸어요.

아네테:　(그림을 쳐다보며) 정말 멋지구나.

라스:　엄마한테 선물로 줄게요.

아네테:　(라스와 눈을 맞추며) 정말 고마워. 혹시 할머니께 드릴 그림 하나 더 있니? 지금 할머니 집에 가려고 하거든.

라스:　네. 그림 하나 더 있어요.

> 아네테: (다시 라스를 쳐다보며) 할머니가 그림을 보면 엄청 좋아하시겠
> 는데? 그럼 지금 당장 출발할까?
>
> 라스: 네, 빨리 준비할게요!

이번에는 아네테가 아이의 들뜬 기분과 뿌듯함에 "와, 정말 멋진 그림이구나!"라고 반응했다. 아이와 감정을 나누고 아이뿐만 아니라 그림에도 관심을 보였다. 그리고 의도적으로 계속 눈을 맞춤으로써 시간을 들이지 않고도 아이가 다음 일을 순순히 받아들일 수 있도록 관계의 기반을 조성했다. 아네테는 아이의 들뜬 기분에 미러링 반응을 보임으로써 아이가 떼를 쓰지 않도록 상황을 컨트롤했다.

공감적 경청을 할 때 눈 맞춤은 아주 중요한 역할을 한다. 사람들은 귀보다는 눈을 통해서 교제를 한다. 그래서 독일어 표현 중에는 '단둘이서 따로 조용히 얘기하자'는 관용적 표현으로 '네 개의 눈 아래에서 얘기하자'라는 말이 있다. 단지 수다를 떠는 것이 아니라 깊이 있는 대화를 하자는 의미다. 자연스럽게 계속 눈을 맞추다 보면 감정적인 메시지를 더 잘 전달할 수 있다는 연구 결과도 있다. 양심의 가책을 느낄 때 다른 사람의 눈을 제대로 쳐다보지 못하는 것도 이런 이유 때문이다. 대화를 할 때 눈을 마주치는 것은 공감적 소통의 기본이다.

자세 2
상대방의 입장에서 구체적으로 질문하라

이 전략은 상대방의 말을 잘 듣고, 상대방을 위해 질문함으로써 관계를 형성하고 갈등을 해결하는 전략이다. 이 전략을 위한 가장 기본적인 자세 역시 경청하는 것이다. 의식적으로 말을 줄이고 상대방이 많은 이야기를 할 수 있게 만드는 것이다. 이 전략을 내면화하기 위해 아래 순서대로 연습해보자.

#연습해보기

- 배우자 또는 연인과 둘이서 보내는 시간에 연습한다.
- 당신의 이야기는 절대 하지 않기로 마음을 단단히 먹는다.

- 배우자 또는 연인에게 질문을 하고 열심히 귀 기울여 듣는다.

- 상대방의 입장이 되어 다시 질문한다.

- 대화가 끝난 후 평가한다. 그때 나는 기분이 어땠는가? 나의 배우자

  또는 연인은 기분이 어땠는가?

이 연습을 친한 친구들이나 당신과 가까운 다른 사람들과
도 반복해본다. 오래 걸리지 않는다. 잠깐 커피를 마시는 시간
만으로도 충분하다. 이어서 당신의 경험들을 기록하자. 평소
와 달랐던 점은 무엇인가? 당신이 새롭게 경험한 것은 무엇인
가? 대화는 얼마나 집중적으로 이루어졌는가?

처음에는 낯설 수 있다. 하지만 상대방의 말을 잘 듣고 질문
하는 것만으로 대화의 효율이 올라가는 것을 느낄 수 있을 것
이다. 이것이 적용된 사례를 살펴보자.

● ········· 잘 듣는 사람이 이긴다

#아니, 그건 그렇고 세탁소는?

주잔네와 안드레아스는 맞벌이 부부다. 늘 그렇듯 두 사람은 저녁에 거의 비슷한 시간에 퇴근해서 집으로 돌아온다.

주잔네: 아, 정말 힘든 하루였어! 회사에서 골치 아픈 일만 잔뜩 있었어!

안드레아스: 자기야, 근데 내 정장은 세탁소에서 찾아왔어?

주잔네: 옷 찾을 겨를도 없었어. 그래도 당신 어머니 생신 선물은 간신히 사왔어.

안드레아스: 나 내일 중요한 회의 있단 말이야!

주잔네: 가게에 사람이 너무 많았어. 계산대 앞에 사람들이 끝도 없이 줄 서 있는 거 보고 기절할 뻔했다고. 지금도 발이 아파.

안드레아스: 그거랑 무슨 상관이야? 나 내일 회의에 뭐 입고 가?

주잔네: 발이 너무 아프다고!

이제 당신은 이 대화에서 무엇이 문제인지 쉽게 알아차릴 수 있을 것이다. 두 사람 중 아무도 상대방에게 맞춰주거나 되묻거나 상대방이 한 말에 관심을 기울이지 않는다. 주잔네와 안드레아스 둘 다 자기 할 말만 하고 자신의 입장만 중요하게 여긴다. 대화는 점점 날카로워지고 아마도 저녁 내내 그렇게 싸울 가능성이 높다. 만약 안드레아스와 주잔네가 서로를 미러링한다면 대화는 이렇게 진행될 것이다.

#이런, 사장이랑 부장이 뭐라고 했는데?

주잔네: 아, 정말 힘든 하루였어! 회사에서 골치 아픈 일만 잔뜩 있었어!

안드레아스: 무슨 일이 있었는데?

주잔네: 사장은 오늘 완전 저기압이고, 부장은 중요한 서류를 분실했는데 둘 다 나한테 화풀이를 하는 거야.

안드레아스: 이런, 사장이랑 부장이 뭐라고 했는데?

주잔네: 사장은 내가 프레젠테이션 준비를 아직도 못 끝냈다고 성 질부리고, 부장은 내 책상을 보고 엉망이라고 지적했어.

안드레아스: 완전 어이없다.

주잔네: 그리고 퇴근 후에 시간도 엄청 오래 걸렸어. 그래서 하마 터면 당신 어머니 생신 선물도 못 사올 뻔했어.

안드레아스: 그 와중에 선물까지 사오다니 고마워. 무슨 선물 골랐어?

주잔네: 어머니가 가장 좋아하시는 향수.

안드레아스: 오, 자기 센스 있다. 그런데 혹시 세탁소에서 내 회색 정 장 찾아왔어?

주잔네: 아, 이런! 미안한데 그럴 시간까지 없었어.

안드레아스: 음, 어쩌지? 내일 중요한 회의가 있는데.

주잔네: 아, 그랬구나. 자기가 그 정장 입고 싶은 마음 충분히 이 해해. 그래도 난 남색 정장도 좋던데 그거 입는 건 어떨 까?

안드레아스: 그러지 뭐. 회의의 성공이 옷 색깔에 달린 건 아니니까. 당신이 하루 종일 스트레스에 시달렸으니 어쩔 수 없지.

이 대화가 성공적으로 진행된 이유는 안드레아스가 자기가 하고 싶은 말을 하는 대신에 먼저 경청을 했기 때문이다. 그는 상대방에게 "무슨 일이 있었는데?"라고 질문하며 여유를 가졌다. 그리고 다시 한 번 "사장이랑 부장이 뭐라고 했는데?"라며 구체적으로 묻는다. 그러면서 주잔네에게 "완전 어이없다"라고 말하며 공감하고 있다는 것을 보여준다. 주잔네가 선물을 언급하자 안드레아스는 또 질문을 하고 고마운 마음을 표현한다. 그런 뒤에 자신의 용건을 말한다. 주잔네는 안드레아스로부터 이해받고 있다는 느낌을 받았기 때문에 아주 침착하게 자신이 왜 세탁소에 들르지 못했는지 설명할 수 있었다. 그리고 안드레아스를 안심시키고 그 옷을 입지 않더라도 회의에 성공적으로 참석할 수 있다는 확신을 심어준다.

상대방이 감정을 충분히 표현하게 하라

모든 화자는 자신의 이야기가 특별하다고 여긴다. 하지만 자신의 이야기에 대해 상대방이 아무런 반응을 하지 않거나 자기 이야기만 하면 대화하는 당사자들은 서로 멀어지게 된다. 이 연습은 상대방이 자신의 경험을 얘기할 수 있는 여지를 주는 것을 목표로 한다.

#연습해보기

- 어떤 사람이 당신에게 특별한 경험을 이야기해주려고 하는 상황을 기다려본다. 예를 들어 재밌는 일화나 달갑지 않은 만남에 관한 이야기.

- 당신도 혹시 비슷한 일을 겪은 적이 있는지 생각해본다.
- 비슷한 경험이 떠올라 말하고 싶더라도 의식적으로 자제한다.
- 내 이야기를 하는 대신 어떻게 된 일인지 관심 어린 질문을 한다.
- 상대방의 기쁨, 분노 또는 슬픔에 동조하면서 상대방의 기분을 미러링한다.

처음에는 곧장 당신의 이야기를 하고 싶어서 입이 근질근질할 것이다. 하고 싶은 말을 자제하면서 상대방에게 관심을 보여주자. 그런 다음에 나눈 대화를 되짚어보자. 당신의 기분은 어떠했는가? 당신은 대화 상대에게 무엇을 전달했는가? 미러링 반응을 한 후에 상대방은 당신에게 어떤 인상을 주었는가? 상대방은 당신에게 이해받았다고 느꼈는가? 이번에 경험한 것들을 기록하고 만약 당신이 곧바로 당신의 이야기를 했다면 대화가 어떻게 진행됐을지 생각해보자.

상대방이 하고 싶은 말이 있을 때 잘 들어주는 것만으로도 관계는 굉장히 좋아질 수 있다. 이 점을 명심하며 다음 사례를 살펴보자.

#너 내 말 제대로 듣고 있는 거야?

친구 사이인 그레타와 나디네는 토요일마다 카페에서 만나 커피를 마신다. 오늘도 만남을 가졌다.

그레타: 나 오늘 기분이 너무 꿀꿀해. 할아버지가 뇌졸중으로 쓰러져서 지금 중환자실에 입원해 계셔. 진짜 걱정이 돼서 미치겠어.

나디네: 우리 이모도 일 년 전에 뇌졸중으로 쓰러지셨어. 게다가 심장마비까지 왔었어! 진짜 위험했어. 말도 제대로 못 하셔서 요양원에서 재활치료까지 받았어.

그레타: 그래서 우리 할아버지는…….

나디네: 그래도 요즘 의료기술이 정말 발달했어. 우리 이모는 다시 좋아지셨어. 얼마 전에는 마요르카로 여행까지 다녀오셨어. 스페인 음식을 정말 좋아하시거든.

그레타: 너 내 말 제대로 듣고 있는 거야?

잠시 정적이 흐른다. 그레타는 화가 나서 커피 잔만 물끄러미 쳐다보고 나디네는 휴대폰을 힐끗 쳐다본다. 잠시 후 그레타는 화를 가라앉히고 중단되었던 대화를 다시 시작한다.

그레타: 있잖아, 여기 근처에 타파스(스페인에서 식사 전에 술과 곁들여 간단히 먹는 소량의 음식-옮긴이) 바가 새로 오픈했어. 맛있다는데 한번 같이 가보자.

나디네: 그래, 괜찮겠네. 이번에 나는 아주 훌륭한 스페인 레스토랑을 발견했어. 오픈 키친에서 파에야(고기, 해산물, 채소를 넣고 볶은 후 쌀을 넣어 익힌 스페인의 전통 요리-옮긴이)를 요리해주는 곳이야!

그레타: 넌 꼭 그렇게 말을 보태야 직성이 풀리니?

　나디네는 그레타의 이야기를 단지 자신이 하고 싶은 이야기를 꺼내기 위한 기회로 삼은 것이 분명하다. 나디네는 그레타의 말에 거의 귀를 기울이지 않고 전혀 공감을 표현하지 않으며 구체적으로 어떤 일이 있었는지 질문하지도 않는다. 나디네는 전형적인 이야기 훼방꾼이다. 이런 사람들은 다른 사람들이 한 이야기보다 한술 더 뜨는 이야기를 한다. 타파스 바에 대한 이야기가 나왔을 때도 나디네가 자신이 발견한 레스토랑 이야기를 했듯이 말이다. 이러한 대화에서 그레타는 자신의 삶이나 감정에 대한 공감을 전혀 얻지 못한다.

#어쩐지 네 얼굴이 창백하더라

그레타: 나 오늘 기분이 너무 꿀꿀해. 할아버지가 뇌졸중으로 쓰러져서 지금 중환자실에 입원해 계셔. 진짜 걱정이 돼서 미치겠어.

나디네: 정말 힘들겠다. 어쩐지 네 얼굴이 좀 창백하더라.

그레타: 사실 지금 제정신이 아니야 그리고 혹시 할아버지가 어떻게 되실까 봐 진짜 걱정돼.

나디네: 그 소식은 어떻게 듣게 됐어?

그레타: 어제 오후에 할머니가 전화하셨어. 할아버지가 정원에서 일하시다가 갑자기 쓰러지셨대.

나디네: 어머, 진짜 놀랐겠다.

그레타: 응. 할아버지는 나한테 정말 큰 버팀목이었는데 이렇게 약한 모습을 보는 건 진짜 처음이야.

나디네: 소중한 사람이 갑자기 약해지면 보는 사람이 얼마나 힘든지 나도 잘 알아. 혹시 내가 도와줄 수 있는 일이 있으면 말해.

그레타: 고마워. 말만 들어도 힘이 돼. 좋아. 여기 근처에 타파스 바가 오픈했어. 간단한 스페인 요리를 먹을 수 있대. 다음에 가볼래?

나디네: 그래, 좋아!

조금 전과는 완전히 다른 대화다. 나디네는 "정말 힘들겠다"라며 전적으로 공감하는 반응을 보인다. 그리고 "어쩐지 네 얼굴이 좀 창백하더라" 하고 그레타의 상태를 파악하고 있다는 사실을 알린다. 그러면서 그레타의 입장에서 질문하고 미러링한다. 이때 나디네는 의식적으로 자신의 이야기를 꺼내지 않는다. 그레타가 겪은 일을 '대수롭지 않은 일'로 만들어버리지 않기 위해서다. 나중에 이모가 겪은 비슷한 일을 언급할 수는 있겠지만 그런 이야기를 지금 그레타에게 얘기하는 것은 부적절하다. 그리고 그레타가 추천한 레스토랑에 수긍하며 나디네는 자신이 알고 있는 더 좋은 레스토랑에 대한 언급을 하지 않는다. 나디네는 공감적 미러링을 통해서 친구를 존중한다는 느낌과 친밀한 유대감을 전달했다.

공감을 원하는 사람에게 의견을 말하지 마라

대화를 하다 보면 나와 상대방이 전혀 다른 생각을 갖고 있는 경우가 흔히 있다. 그래서 우리는 종종 불쑥 이야기에 끼어들어 상대방의 생각과 자신의 생각이 다르다고 말한다. 하지만 이때 상대방의 이야기에 너무 성급하게 판단을 내리면 안 된다. 상대방은 자신이 한 말에 곧장 비판이 날아오면 이해받지 못하고 있다고 느끼기 때문에 더 자세한 얘기를 할 수 없게 된다. 의견이 다른 사람과 성공적으로 대화를 하고 싶다면 다음 연습을 시도해보자.

- 의견이 달라서 자주 부딪히는 사람과 대화를 시작한다.

- 대화 상대에게 어떻게 지냈는지 질문한다.

- 상대방이 이야기를 시작하자마자 관심 어린 질문을 하면서 미러링 한다.

- 당신이 상대방과 다른 생각을 갖고 있어도 대화가 끝날 때까지 표현 하지 않는다.

- 상대방을 철저하게 미러링한 후 재치 있게 당신의 생각을 말해본다.

- 당신의 생각이 무조건 옳다고 주장하거나 상대방의 시각을 무시하 지 않도록 조심하면서 언제나 다른 시각이 존재할 수 있다는 점을 강 조한다.

이 연습을 통해서 편안한 대화 상황을 조성할 수 있고 대화 상대와의 관계도 개선시킬 수 있다. 상대방은 당신이 자신을 가르치려 하거나, 자신의 생각을 바꾸려고 하지 않는다는 것을 느끼고 당신과의 관계를 조금 더 편안하게 생각하게 될 것이다. 당신의 의견을 말하기 전에 서로를 수용해주는 분위기를 조성하는 것이 가장 중요하다. 하지만 다른 사람이 듣기 좋은 말만 할 필요는 없다는 것을 유념하기 바란다.

●⋯⋯⋯ 공감을 원하는 친구에게 자꾸만 의견을 말할 때

#네가 너무 순진무구한 게 잘못이야

마크와 엘레나는 사이가 좋은 직장 동료다. 그래서 퇴근하고 가끔 둘이서 가볍게 술을 마시기도 한다.

엘레나: 있잖아, 너한테 할 말이 있어. 니코가 바람을 펴. 그래서 밤새 울었어.

마크: 니코 그 나쁜 자식이 그럴 줄 알았어. 난 걔 예전부터 마음에 안 들었어.

엘레나: 니코는 항상 예의 바르고 자상했는데…….

마크: 네가 니코를 지나치게 믿는다고 내가 아마 수백 번은 더 얘기했을 거야.

엘레나: 사실 어제 니코가 다른 여자하고 통화하는 것을 들었어.

마크: 내가 항상 말했잖아. 믿는 것은 좋지만 어느 정도 통제는 필요하다고 말이야. 니코 같은 놈을 너무 자유롭게 풀어주는 건 너무 순진한 짓이야.

엘레나: 내가 최근에 스트레스를 많이 받아서 니코한테 너무 소홀했던

건 아닌지 어제부터 계속 되짚어보고 있어.

마크:　바람피우는 데는 어떤 변명도 있을 수 없어! 네가 너무 순진무

　　　구한 것도 잘못이고!

엘레나:　(훌쩍거리며) 정말 죽고 싶어.

마크:　그런 말도 안 되는 소리하지 마. 그런 놈이랑 헤어져서 차라리

　　　다행이라고 생각해!

엘레나:　저기, 나 그만 가볼게.

불쌍한 엘레나. 엘레나는 지금 세상이 무너진 것 같은 심정이다. 그러나 마크는 오로지 지금 벌어진 상황을 평가하는 데 급급하다. 그는 엘레나의 말에 제대로 귀를 기울이지도 않고 구체적으로 무슨 일이 있었는지 알려고 하지도 않는다. 그는 엘레나의 상태를 제대로 인지하지도 않는다. 그 대신에 엘레나의 연인에 대한 거부감을 노골적으로 드러내고 엘레나가 어떻게 해야 하는지 가르치듯 말한다. 이 대화에서 엘레나는 어떤 위로도 느낄 수 없다. 마크에게는 공감적 경청보다 일어난 일에 대해 평가를 내리는 것이 중요하다. 이런 자기중심적인 태도는 상대방에게 매우 상처가 되고 결국 엘레나가 절망하며 대화를 끝낼 수밖에 없게 만든다.

#이런, 정말 끔찍했겠다

엘레나: 있잖아, 너한테 할 말이 있어. 니코가 바람을 펴. 그래서 어제 밤새 울었어.

마크: 진짜 끔찍하다! 어쩐지 하루 종일 네가 이상하다고 생각했어.

엘레나: 일에 거의 집중할 수가 없었어.

마크: 그럴 만하지. 니코가 바람피우는 건 어떻게 알게 된 거야?

엘레나: 우연히 다른 여자하고 통화하는 소리를 들었어. 전화에 대고 '자기야, 귀염둥이' 이딴 소리를 하더라고. 예전에 나를 부르던 애칭들을 말이야.

마크: 그걸 직접 듣다니 정말 끔찍했겠다.

엘레나: 난 한 번도 니코한테 특별한 사람이었던 적이 없고 언제든 대체 가능한 사람이 되어버린 기분이야.

마크: 그런 생각이 드는 거 충분히 이해해. 하지만 너는 아주 특별한 사람이라는 걸 절대 잊지 마! 니코가 너를 배신했다고 해도 네가 멋진 여자고 좋은 친구라는 사실에는 변함이 없어.

엘레나: 그렇게 말해줘서 고마워.

마크: 혹시 얘기할 상대가 필요하면 언제든지 나한테 연락해.

이 대화에서 마크는 엘레나를 제대로 포용하고 있다. 마크는 엘레나의 절망감에 "정말 끔찍했겠다!"라며 미러링 반응을 보이고, "어쩐지 하루 종일 네가 이상하다고 생각했어"라며 기분을 알아차리고 있었다는 것을 알려준다. 그러면서 자신이 엘레나를 이해하고 있다는 신호를 보내며 관심 어린 질문을 통해 엘레나가 자신의 기분을 허심탄회하게 털어놓게 했다. 그리고 마크는 엘레나를 위로한다.

마크는 엘레나의 절망적인 심정에 감정 이입을 하기 위해서 니코와 엘레나의 관계에 대해 평소 갖고 있던 자신의 생각을 일체 언급하지 않는다. 자신의 생각을 전면에 내세우면 다른 사람을 미러링할 수 없기 때문이다.

지금까지 우리는 미러링의 중요 요소인 '경청'에 대해 알아보고 연습했다. 이제는 '말하기'의 차례다. 당신이 말을 할 때 쉽게 간과하는 목소리의 톤과 말투 역시 미러링을 할 때 중요하게 생각해야 할 요소다. 다음 장에서 알아보자.

| CHAPTER 4 |

"말의 내용보다
중요한 말의 느낌"

목소리와 말투로 타인의 감정에 스며드는 법

목소리 톤만 바꿔도
대화는 180도 달라진다

누구나 감정을 자기 몸으로 느낄 수 있다. 숨을 쉴 때도 느낄 수 있고, 체온이나 목소리로도 느낄 수 있다. 배우, 가수, 강연자들을 대상으로 목소리를 코칭하는 트레이너 토르스텐 슈뢰더(Torsten Schröder)는 목소리를 '성대에서 나오는 확실한 지문'이라고 말한다. 그만큼 목소리는 개성이 드러나는 곳이자 동시에 자신의 감정이 고스란히 드러나는 곳이다. 여기에는 생리학적인 이유가 있다. 우리는 흥분하거나 슬프거나 즐겁거나 무서우면 성대가 즉시 반응한다. 두렵거나 불안할 때 목이 꽉 막힌 것처럼 목소리가 제대로 안 나오고, 흥분하거나 즐거우면 목소리가 올라가고 분노를 억누르면 목소리가 떨린다.

따라서 말을 할 때 음역, 목소리 톤, 말하는 속도, 호흡 등을 살펴보면 기분이 어떤지 알 수 있다. 만약 당신이 이 모든 것을 파악하고 미러링한다면 대화 상대는 즉시 이해받은 기분을 느낄 것이다. 그러기 위해 섬세한 감각을 발달시켜야 한다. 속삭이는 소리나 고함치는 소리는 누구나 어려움 없이 파악할 수 있지만 그 사이에 미세한 단계들이 존재하기 때문에 이를 파악하는 연습이 필요하다.

전략 1
상대방의 말하기 방식을 따라 하라

호흡은 상대방의 목소리와 기분을 나타낸다. 따라서 상대방의 목소리를 미러링하기 위해서 먼저 상황에 따라 자신의 호흡이 어떤지 체크해야 한다. 그런 다음 상대방과 대화할 때 상대방의 호흡에 맞추는 연습을 해보자. 배우자나 연인 또는 다른 친밀한 사람과 함께 시간을 보낼 때도 좋고, 회사에서 회의를 할 때도 연습해볼 수 있다.

#연습해보기

- 호흡에 집중한다. 호흡이 차분한가 아니면 빠른가? 규칙적인가 불규칙적인가? 깊은가 얕은가?
- 긴장감이 도는 추리물이나 뉴스를 볼 때 호흡이 변하는가?
- 이제 상대방의 호흡에 집중해본다. 호흡이 차분한가 아니면 빠른가? 규칙적인가 불규칙적인가? 깊은가 얕은가?
- 이제 옆에 앉은 사람의 호흡에 맞춰서 호흡을 해본다. 옆 사람과 동일하게 숨을 들이쉬고 내쉰다.

내 의견을 사람들에게 어필하려면

#이건 정말 중요한 사안이라고요!

크리스티아네는 열정적이다. 그래서 초등학교에서 진행하는 학부모 모임에 빠지는 법이 없다. 오늘 크리스티아네는 학교 운동장에서 휴대폰 사용을 제한해달라고 제안하려고 한다. 아이들이 휴대폰을 들여다

보느라 운동장에서 거의 움직이지 않기 때문이다. 교사가 학부모들에게 인사를 한 후 우선 예정되어 있는 수학여행에 관한 대화가 차분하게 오간다. 교사가 수학여행에 대한 정보를 전달하고 학부모들이 질문하고 교사의 대답이 이어진다. 하지만 크리스티아네는 중요한 임무를 수행해야 한다는 생각만 가득 차 있다. 드디어 크리스티아네가 말을 꺼낸다. 목소리 톤이 높아지고 말이 빨라진다. 얼마 후 몇몇 학부모들이 짜증내며 눈을 굴리는 것을 알아차린다. 당황스럽지만 그래도 얘기를 계속한다. 하지만 무시하는 듯한 분위기를 감지하자 목소리는 날카로워지고 말은 더욱 빨라진다. 말을 끝내고 좌중을 둘러본다. 대부분의 학부모들은 어깨를 으쓱하며 별다른 반응을 보이지 않고 이어서 크리스티아네의 제안에 대한 논의가 오가지만 받아들여지지 않는다. 학부모들을 설득하지 못한 것이다.

우리가 아주 중요하게 생각하는 주제나 용건이 있을 경우 감정이 많이 개입되어 흥분할 수밖에 없다. 그래서 대개 목소리가 높아지고 날카로워진다. 그리고 말하는 속도도 대부분 빨라진다. 크리스티아네는 이런 사실을 인지하지 못했고 상대방의 기분을 먼저 알아채고 미러링해야 설득이 쉬워진다는 사실 역시 인지하지 못했다. 수학여행에 관한 논의는 차분하고 침착하게 진행되었다. 그래서 크리스티아네의 발언 태도는 더욱 대조를 이루었다. 그래서 크리스티아네의 제안은 받아들여지지 않았다. 만약 크리스티아네가 다른 참석자들의 목소리를 미러링했다면 어떨까?

GOOD CASE ✓

#이들은 차분한 대화를 원하는것 같군!

크리스티아네는 우선 교사와 다른 학부모들이 말하는 태도를 파악한다. 저녁 시간에 모였기 때문인지 다들 조금 피곤해 보이고 느리고 조용한 목소리로 대화를 하고 있는 것을 의식적으로 인지한다. 다들 차분한 대화를 원하는 것 같다. 다른 참석자들의 목소리 톤을 이미 내면화한 크리스티아네는 중간 정도의 목소리 톤으로 느리고 또박또박 발언한다. 참석자들은 집중해서 귀를 기울인다. 그리고 곧이어 벌어진 토론에서도 의식적으로 가만히 있으면서 다른 사람들의 목소리를 미러링한다. 결국 마지막에 교사와 학부모들은 적어도 일주일에 한 번은 운동장에서 휴대폰 사용을 제한시키기로 결정한다. 앞으로는 금요일마다 아이들의 휴대폰을 수거해서 계속 앉아서 생활하는 아이들이 운동장에서 충분히 뛰어놀 수 있게 하기로 합의한다.

목소리로 감정과 상황을 파악하라

어떤 사람과 오랫동안 통화할 때 목소리의 성격에 가장 잘 집중할 수 있다. 집중을 분산시키는 시각적인 자극이 없기 때문에 대화 상대에 대한 청각적인 이미지를 떠올릴 수 있다. 이때 상대방의 목소리에 의식적으로 집중해보자. 다음 요소들을 체크하며 구분하면 도움이 될 것이다.

#살펴보기

- 음역: 높은, 낮은, 보통, 가느다란, 낭랑한, 걸걸한
- 음색: 이완된, 침울한, 흥분한, 울먹이는, 즐거운

- 말하는 속도: 느린, 빠른, 조급한, 더듬거리는
- 호흡: 차분한, 빠른, 헐떡거리는

　말하는 방식에 의식적으로 집중해보면 놀라운 사실들을 많이 알게 된다. 특히 당신이 잘 아는 사람들이라면 내면의 상태에 따라 목소리가 어떻게 변하는지 더욱 잘 파악할 수 있다.

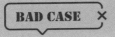 짜증 난 사람에게 부탁해야 하는 상황

BAD CASE ✕

#저희 집만 예외로 해주시면 안 돼요?

레오의 딸은 너무나도 고양이를 키우고 싶어 한다. 그러나 레오가 사는 건물은 동물을 키우는 것이 금지되어 있다. 그래서 레오는 임대인인 게를링 씨에게 혹시 고양이 키우는 것을 허락해줄 수 없는지 부탁하려고 한다. 레오는 게를링 씨와 우연히 건물 계단에서 마주친다. 게를링 씨는 기분이 좋지 않은 상태다. 지하실에서 물이 새어나와 피해를 확인하고 올라오는 길이기 때문이다. "온통 신경 써야 할 일들만 널려 있네."

그가 짜증 내며 투덜거린다. 그의 목소리는 가라앉아 있다. 레오는 게를링 씨에게 밝고 다정한 목소리로 말한다.

"저 혹시, 건물에서 동물 키우는 게 금지된 건 아는데 저희 집만 예외로 해주시면 안 될까요? 딸이 고양이를 너무 키우고 싶어 해서요." 하지만 레오의 말은 게를링 씨의 마음에 닿지 못한다. "모든 조항은 모든 세입자에게 동일하게 적용됩니다!" 게를링 씨는 예외는 없다고 툴툴거린다.

레오는 다정하게 부탁하면 임대인의 마음을 바꿀 수 있을 거라 생각했다. 물론 상식적으로는 그렇게 생각할 수 있다. 그러나 레오는 용건을 말하기 전에 먼저 게를링 씨를 관찰한 뒤 그의 짜증과 걱정이 섞인 갈라지고 투덜거리는 목소리 톤을 미러링해야 했다. 그러나 레오는 밝고 유쾌한 목소리 톤으로 게를링 씨를 더욱 짜증 나게 만들었다. 레오가 자신이 겪고 있는 어려움에 전혀 신경도 쓰지 않는다는 느낌이 주었기 때문에 심지어 도발적으로 들렸다. 공감적인 커뮤니케이션이 아쉬운 대목이다.

#물난리라니, 말도 안 되는 일이네요

레오는 건물 계단에서 게를링 씨와 마주친다. 처음 말 몇 마디를 주고받자마자 가라앉은 목소리 톤을 듣고 게를링 씨의 기분이 좋지 않은 상태라는 것을 알아차린다. 그래서 레오도 마찬가지로 가라앉은 목소리로 어쩌다가 지하실에 물난리가 났는지 묻는다. 게를링 씨는 자세하게 설명하고 레오는 맞장구를 친다. "와, 말도 안 되는 일이네요! 너무 신경 쓰이고 짜증 나겠어요." 계속 대화를 나누면서 레오는 임대인의 기분이 차츰 누그러지는 것을 알아차린다. 임대인은 자신이 짜증 난 상황을 이해받고 있다고 느낀다. 레오는 차츰 평소의 목소리로 돌아오면서 게를링 씨의 목소리도 다시 평소의 톤으로 돌아왔다는 것을 인지한다. 이제 레오는 하고 싶었던 말을 넌지시 꺼낸다. 그는 게를링 씨에게 고양이를 키울 수 있게 해달라고 부탁을 하고 게를링 씨는 한 번 생각해보겠다고 약속한다.

이 대화에서 레오는 공감적 미러링을 통해서 소통의 기반을 마련하는 데 성공한다. 그는 상대방과 목소리 톤을 비슷하게 맞춰 공감을 표현하고 게를링 씨가 당한 일에 집중한다. 그는 임대인의 일을 진지하게 받아들임으로써 게를링 씨도 레오의 일에 관심을 보이리라 기대할 수 있다. 그렇게 해서 자신의 부탁이 받아들여질 수 있는 전제 조건을 만들어낸다.

당신의 목소리가 어떻게 들리는지 탐색하라

상대방의 목소리에 담긴 감정을 파악해봤으니 이제 당신의 차례다. 이 연습은 소파에 편안하게 앉아서 해보는 것이 좋다.

#연습해보기

- 횡격막 부근(배꼽에서 손바닥만큼 올라온 곳)에 손을 올린다.
- 특정한 사람한테 어떤 말을 하고 싶은지 생각해본다. 예를 들어. "나는 너랑 여행 가고 싶어." 또는 "내 부탁 좀 들어줄 수 있어?"
- 이 문장을 다양한 어조, 말투, 속도 그리고 다양한 호흡으로 해본다.

어조, 말투, 속도 등에 따라 문장의 느낌은 어떻게 달라지는가? 말을 할 때 신체 부위는 각각 어떤 느낌이 드는가? 어떻게 말했을 때 가장 편안한가? 어떤 것이 편안하게 들리는가? 두 번째 단계에서는 당신과 친밀한 사람이 이 문장을 말한다고 상상해보자. 그 사람은 어떤 식으로 말할까? 그 사람의 말투를 따라 해보자. 상상하는 것이 어렵다면 텔레비전을 켜고 들리는 아무 문장이나 골라서 잘 흉내내보자.

●········ 목소리와 어조에 담긴 생각들

BAD CASE ✕

#그냥 친한 친구들만 부르자

발레리와 미하엘은 30대 후반으로 둘 다 이혼 후 새로 만난 사이다. 5년째 동거 중이며 이제 두 사람은 결혼하기로 결심했고 결혼식을 어떻게 할지 진행할지 상의해야 한다.

발레리: (밝고 들뜬 목소리로) 우리 결혼식 얘기 좀 할까? 좋은 아이디어들이 떠올랐거든!

마하엘: (차분하고 낮은 목소리로) 우리 결혼식 너무 요란하게 하지는 말자. 우리는 더 이상 청춘이 아니잖아.

발레리: (숨을 몰아쉬면서) 그게 무슨 뜻이야?

미하엘: (여전히 차분하고 낮은 목소리로) 그냥 가장 친한 친구들만 불러서 식 올린 다음에 같이 식사나 하자. 그 정도면 충분하잖아.

발레리: (목소리가 높아진다) 그렇게 무미건조하게 하자고? 나는 가족들하고 친구들 전부 다 불러서 성대하게 하고 싶어! 로맨틱한 호텔에서 말이야!

미하엘: (이제 그의 목소리는 침울하게 들린다) 말도 안 돼. 제발 그것만은 하지 말자. 유치하고 유난스런 분위기는 딱 질색이야.

발레리: (가늘고 울먹거리는 목소리로) 진짜 너무해. 자기한테 결혼식이 그냥 빨리 해치워야 하는 일정 같은 거라면 결혼식은 그냥 집어치우자!

미하엘: (불만 섞인 목소리로) 그래, 진짜 그러는 게 좋겠네!

발레리: (울먹거리고 과호흡 증세를 보이며) 진짜 너무한다! 난 결혼식을 그렇게 기대하고 있는데 자기는 진짜 아무 생각도 없구나!

이 대화는 주로 목소리에 모든 감정과 생각이 담겨 있다. 발레리와 미하엘은 목소리와 어조를 통해서 결혼식에 대해서 어떻게 생각하는지 드러낸다. 발레리는 시작부터 밝은 목소리로 기쁨을 표현한다. 미하엘이 침착하고 차분한 반면에 발레리는 감정적이다. 대화를 하면서 두 사람은 서로 점점 더 멀어진다. 만약 미하엘이 처음부터 발레리의 목소리 톤에 들뜬 감정이 가득 실려 있다는 것을 알아차렸다면 두 사람은 서로를 더 잘 이해했을 것이다. 그리고 발레리도 미하엘의 목소리만 듣고도 그가 결혼식에 대해 덤덤한 생각을 갖고 있다는 것을 미리 알아차렸어야 했다.

GOOD CASE ✓

#진짜 한껏 들뜬 목소리네?

발레리: (밝고 들뜬 목소리로) 우리 결혼식 얘기 좀 해볼까? 좋은 아이
        디어들이 떠올랐거든.

미하엘: (평소보다 높은 목소리로) 어떤 아이디어? 한껏 들뜬 목소리네.

발레리: (웃으며) 결혼식은 정말 특별한 일이잖아. 그래서 정말 너무 기
        대돼.

미하엘: (웃으며) 그래서 이렇게 귀엽게 들떴구나. 그래서 어떤 아이디
        어들이 있는데?

발레리: 결혼식을 남부 쪽에서 하는 거 어때? 호텔에서 가족하고

친구들을 다 불러서 말이야.

미하엘: (똑같은 어조로) 솔직히 말하면 나는 그냥 작고 소박한 결혼식을 생각하고 있었어. 남부까지 가서 결혼식을 치르는 것은 너무 지나치지 않을까? 하객들이 일부러 다 거기까지 이동해야 하잖아.

발레리: (미하엘을 미러링하며 차분한 어조로 말한다) 그 문제는 조금 더 상의를 해봐야겠지. 그래도 나는 결혼식을 성대하게 하고 싶어. 장소는 양보할 수 있어. 근처에 있는 낭만적인 호텔에서 결혼식을 올려도 되고.

미하엘: (부드럽고 온화한 목소리로) 그 정도로 양보해줄 수 있다면 진짜 고마워. 어쨌든 우리가 주례 앞에 섰을 때 자기가 '네'라고 대답하는 게 가장 중요하니까.

전략 4
호흡과 목소리를 의식적으로 교정하라

상대방의 말을 경청하면서 목소리 톤과 말하는 속도를 관찰하면 상대방의 기분과 내면의 상태를 알아챌 수 있다. 대화를 시작할 때 이런 점들을 유념해보자.

#살펴보기

- 나의 말은 어떻게 들리는가?

- 대화 상대의 말은 어떻게 들리는가?

- 호흡, 목소리의 높낮이와 목소리 톤을 의식적으로 당신의 대화 상대에게 맞춘다.

- 말을 해본다.
- 대화가 어떤 방향으로 흘러가게 하고 싶은지 생각해본다.
- 컨트롤을 시도하면서 상대방도 당신을 미러링하는지 체크한다.

어쩌면 어렵게 느껴질 수 있다. 결국 중요한 것은 당신의 대화 상대에게 감정 이입을 하는 것이다. 상대방이 어떤 기분인지 이해할 수 있는가? 그렇다면 상대방의 목소리에 맞춰감으로써 당신이 상대방의 기분을 이해하고 있다는 것을 보여주자. 그러면 당신은 편안한 대화 분위기라는 보상을 얻게 될 것이다.

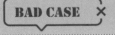 고기압이 저기압을 만나다

BAD CASE ✕

#네가 잘 몰라서 그래

칼레와 프레디는 친구 사이다. 일주일에 두 번씩 함께 헬스장에 가서 중량 운동을 한다. 운동을 하면서 평소에는 말을 많이 하지 않지만 오늘은 칼레가 계속 영양보충제에 대한 이야기를 꺼낸다.

칼레: (크고 빠르고 요란스럽게) 왔어? 오늘도 열심히 해보자고!

프레디: (늘어지고 지친 목소리로) 안녕, 잘 지냈어?

칼레: (확신에 찬 목소리로) 너한테 꼭 해줄 말이 있어. 단백질 음료랑 미네랄 영양제 없이는 운동해도 별 소용이 없대. 내가 상담을 좀 받아봤는데 내가 지금 먹고 있는 보충제들을 너도 주문해 서 꼭 먹어. 근육을 만드는 데 진짜 최고야!

프레디: (살짝 지루한 목소리로) 난 됐어. 내 몸은 지금 이대로도 괜찮아.

칼레: (살짝 화가 난 목소리로) 내 말을 제대로 들은 거야? 완전 최적 의 보충제를 찾았다니까!

프레디: (호흡이 빨라지고 짜증 난 목소리로) 네 말 제대로 잘 들었어. 하 지만 나는 화학제품을 먹는 건 별로라고 생각해. 건강한 음식 섭취만으로도 충분하다고!

칼레: (크고 삐친 목소리로) 네가 잘 몰라서 그래. 일단 한번 먹어 보 고 얘기하지 그래?

프레디: (화가 나고 흥분한 목소리로) 난 그럴 마음이 전혀 없다고!

칼레: (딱딱하고 냉랭한 목소리로) 그렇다면 넌 진짜 구제 불능이야.

별것 아닌 대화 주제였지만 칼레가 프레디를 전혀 공감해주지 않아서 대화는 날카로워진다. 프레디의 목소리에 집중했다면 칼레는 프레디가 피곤하고 대화에 흥미가 없다는 것을 알아차렸을 것이다. 그는 프레디의 목소리 톤을 미러링하고 피곤한 이유를 알아봤어야 했다. 그랬다면 조화로운 분위기가 형성되어 칼레는 영양보충제에 관한 얘기를 한결 수월하게 꺼낼 수 있었을 것이다. 하지만 그는 자신이 새롭게 알게 된 지식을 반드시 친구에게 알려주고 말겠다는 일념에 사로잡혀 있다. 그래서 그는 친구의 목소리에 깃든 피로감이나 다른 감정적 메시지에 반응하지 않는다.

두 사람의 목소리 톤이 점점 더 반대가 되면서 내적인 거리도 점점 더 멀어졌다. 결국 불필요한 다툼을 유발했다. 이를 통해 즉각적인 미러링이 대화의 분위기를 얼마나 좌우하는지 배울 수 있다. 프레디는 칼레를 보고 반가워하지 못할 만큼 피곤했기 때문에 칼레가 먼저 프레디를 미러링했다면 다툼이 생기지 않았을 것이다.

#오늘 스트레스 받은 일 있어?

칼레: (크고 빠르고 요란스럽게) 왔어? 오늘도 열심히 해보자고!

프레디: (늘어지고 지친 목소리로) 안녕, 잘 지냈어?

칼레: (프레디를 미러링하기 위해서 낮은 목소리와 느린 속도로) 야, 너 왜 그래? 오늘 스트레스 받은 일 있어?

프레디: (동일한 어조로) 직접적으로 스트레스 받은 일은 없어. 하지만 오늘은 이상하게 뭘 해도 안 되는 날이네. 그래서 완전 녹초가 됐어.

칼레: (계속해서 피곤한 말투를 따라 한다) 그래. 가끔 그런 날이 있지. 하지만 운동을 하면 좀 괜찮아질 거야.

프레디: 그럴까?

칼레: (단호한 목소리로 조금 더 빠르게 말하면서 컨트롤을 시작한다) 물론이지. 자, 레그 프레스부터 같이 시작해보자. 너는 이걸 하면서 스트레스를 날려버리고 나는 내가 새로 먹고 있는 단백질 음료에 대해 얘기해줄게.

프레디: (마찬가지로 빠르고 단호하게) 어떤 효과가 있는데?

칼레: (목소리가 점점 더 활기를 띠며) 얼마나 효과가 좋은지 몰라.

이 대화에서 칼레는 친구인 프레디를 미러링한다. 지치고
피곤한 기분과 목소리를 알아차리고 "오늘 스트레스 받은 일
있어?"라며 적절한 반응을 보인다. 그러면서 관심을 주고 감
정 이입을 한다. 칼레는 이를 바탕으로 운동을 하면 좀 괜찮아
질 것이라며 대화를 컨트롤해나간다. 칼레가 미러링을 하기
시작하니 프레디도 그를 미러링한다. 칼레가 하고 싶었던 영
양보충제 얘기에 관심을 보인다.

지금까지 우리는 '듣기'와 '말하기'를 통해 상대방에게 공
감하며 소통하는 법을 알아보았다. 이제 다음 장에서는 표정
과 신체 언어에 담긴 메시지를 분석하고 공감적 소통에 어떻
게 활용할지 알아볼 것이다.

CHAPTER 5

"표정이 대화의 첫인상을 좌우한다"

표정과 신체 언어를 통한 본격적인 미러링

당신이 대화하는 모습을
거울로 본다면?

우리는 매일 사람들의 얼굴을 읽는다. 우리는 표정을 통해 상대방이 거짓말을 하는지 진심을 이야기하는지 무의식적으로 체크한다. 그러면서 동시에 자신의 표정을 완전히 통제하고 자신의 진짜 감정과 의도를 감추려 한다. 많은 사람은 의사소통에서 말이 가장 높은 비중을 차지한다고 여기지만 비언어적인 신호, 그중에서도 표정은 중요한 요소이다. 이때 특히 중요한 것은 미세한 표정, 즉 얼굴에 나타나는 아주 작은 표정의 변화이다. 대화를 할 때 상대방의 표정에 한번 집중해보자. 표정에서 무엇이 보이는가? 기쁨, 거리감, 조소, 호감? 이번 장에서 우리는 표정 미러링 연습을 해볼 것이다.

이 장에서 이루어지는 연습들은 우선 자기 자신의 표정에 대한 감각을 갖는 것을 목표로 한다. 당신이 짓는 전형적인 표정은 무엇인지, 그런 표정을 지을 때 상대방에게 당신은 어떻게 보이는지, 상대방의 표정은 어떻게 해독해야 하는지, 그리고 마지막으로 내면의 태도를 어떻게 가꿔야 하는지 알아볼 것이다. 말은 아니라고 하면서 속마음을 감추지 못해 다른 사람들에게 혼란을 주는 경우가 많기 때문이다.

표정과 마찬가지로 신체 언어도 아주 중요하다. 내면과 외면의 태도는 거의 항상 일치하기 때문이다. 우리는 상대방의 자세만 보고도 상대방이 현재 긴장하고 있는지, 편안한 상태인지, 에너지가 넘치는지, 혹은 무기력한 상태인지 알 수 있다. 그렇기 때문에 신체 언어를 잘 이해한다면 상대방과 더 좋은 대화를 나눌 수 있을 것이다.

상대방의 신체 언어를 살펴보고 미러링하면 그만이니 쉬울 거라 생각할 수 있다. 하지만 상대방을 의식적으로 인지하기는 쉽지 않다. 우리는 우리의 몸이 말하는 소리조차 못 들은 체하고 있기 때문이다. 그렇지만 우리는 연습을 통해 우리의 지각을 예리하게 만들 수 있다. 자신의 몸에 대한 감각이 섬세할수록 다른 사람을 더욱 세밀하게 미러링할 수 있다.

포커페이스는 의사소통의 적이다

먼저 당신이 어떤 표정들을 지을 수 있는지 알아보는 연습을 하자. 나중에 아이들과 함께 이 연습을 해보는 것도 상당히 재밌다. 아이들은 아직 훨씬 더 다양한 표정들을 지을 수 있기 때문이다. 함께 해줄 아이들이 없다면 아이들처럼 쉽고 재밌게 연습해보자.

#연습해보기

- 거울 앞에 선다.

- 표정을 연구해보자. 당신은 편안한 상태에서 어떤 표정을 짓는가?

- 이제 조금 과장되더라도 익살스러운 표정을 지어본다.

- 화난 표정, 즐거운 표정, 재밌는 표정을 지어본다.

- 얼굴이 어떻게 변하는지 관찰해본다.

- 표정을 바꿀 때마다 당신의 기분이 어떻게 변하는지 관찰해보자.

물론 일상에서는 당신이 극단적인 표정을 지을 일은 많지 않다. 하지만 당신이 지을 수 있는 표정 중 10%만이라도 의사소통에 활용해보자. 감정에 맞게 표현할수록 의사소통 집중도는 현저히 높아질 것이다. 또한 이 연습을 하면서 이맛살을 찌푸리거나 미소를 짓거나 눈을 가늘게 뜨거나 눈을 크게 뜰 때 다른 사람이 어떤 기분일지 알게 된다. 일상의 소통에서도 주의를 기울여보자. 다른 사람들의 얼굴을 해독하고 그에 맞는 감정을 파악해보자.

포커페이스가 독이 될 때

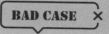

BAD CASE ✕

#쿨하게 포커페이스를 유지한 경우

스웬은 회의실에 들어선다. 스웬은 상사에게 중요한 프로젝트를 맡게 해달라고 상사를 설득할 예정이다. 내적으로 만반의 준비는 되어 있는 상태다. 그는 쿨한 태도를 취함으로써 외적으로 좋은 인상을 주고 싶다. 상사는 스웬에게 미소를 지으며 인사를 하고 자리에 앉는다. 그는 눈을 크게 뜨고 눈썹은 살짝 치켜 올리고 기대에 찬 표정으로 스웬을 주목한다. 스웬은 아주 상세하게 프로젝트의 콘셉트와 예상 일정을 설명하고 모든 상세한 항목들을 유념하면서 왜 자신이 적임자인지 설득력 있는 근거들을 제시한다. 하지만 상사는 알 수 없는 태도를 취한다. 뭔가 제대로 전달되지 않은 듯하다. 여기서 스웬이 모르는 것이 있다. 그는 쿨하고 프로페셔널하게 보이기 위해서 포커페이스를 지었다. 스웬이 말하는 동안 그의 얼굴에는 거의 아무 변화도 일어나지 않고 계속 무표정이었다. 그래서 그는 상사의 표정을 미러링하는 것을 놓치고 말았다.

스웬이 결국 프로젝트를 맡지 못하게 된다면 그 이유는 업무 능력이 부족해서가 아니라 그와 상사 사이에 감정적 교류가 원활하게 이루어지지 않았기 때문일 것이다. 처음부터 스웬은 상사의 미소에 반응을 보이지 않았고 상사의 기대감에 찬 표정도 미러링하지 않았다. 상사는 스웬에 대해 어떻게 생각해야 할지 알 수 없었다. 그의 무표정한 얼굴은 그가 감정도 없고 사회성이 떨어진다는 것을 보여줄 뿐이다. 그래서 팀 능력과 소통 능력이 필요한 프로젝트 리더로서 적합하지 않다는 인상을 심어준다.

스웬만 그런 것이 아니다. 중부 유럽 사람들은 의사소통을 할 때 표정을 거의 짓지 않으며 제스처도 잘 취하지 않아 남부 유럽인들이 보기에 상당히 경직되어 있는 인상을 준다. 물론 문화적인 영향도 있고 개개인의 기질적인 문제도 있다. 그렇지만 포커페이스는 불안과 두려움 때문인 경우가 많다. 무의식적으로 자기 앞에 담을 쌓는 것이다. 따라서 경직된 표정은 직접적인 의사소통에 방해가 된다. 더구나 경직된 표정으로 대화를 하면 상대방 역시 자신의 대화 상대를 미러링할 수 없기 때문에 공감적 소통이 불가능하다.

#상사의 표정을 미러링한 경우

스웬은 회의실에 들어선다. 직속 상사가 미소 짓는 것을 보고 스웬도 마찬가지로 미소를 짓는다. 두 사람은 자리에 앉고 스웬은 자신의 콘셉트를 설명하기 전에 먼저 직속 상사의 표정을 살핀다. 그는 상사가 눈을 크게 뜨고 눈썹이 살짝 올라간 것을 보고 표정을 미러링한다. 그 순간에 상사가 자신에게 호감이 있고 관심이 있다는 것을 스웬은 아주 분명하게 느낀다. 공감적 미러링을 통해서 그는 공감대를 형성했고 상사가 중간에 호의적인 말을 해준 것을 통해 그렇다는 것을 확인할 수 있다. 상사가 미소를 지을 때마다 스웬도 미소를 짓는다. 상사가 프로젝트 내용에 대해 이의를 제기하면서 이맛살을 살짝 찌푸리자 스웬도 마찬가지로 이맛살을 찌푸린다. 그리고 헤어지면서 상사가 스웬에게 눈을 찡긋하자 스웬도 눈을 찡긋한다.

스웬이 인사를 할 때 이 대화에서는 이미 공감적인 교류가 시작되었다. 스웬이 표정을 미러링하며 보낸 비언어적 신호는 상사에게 우리는 같은 주파수에 있기 때문에 서로 잘 이해할 것이라는 인상을 준다. 그러기 위해서 스웬은 특별히 애를

쓸 필요도 없었다. 그냥 감정을 이입하며 상대방에게 집중하면서 관계의 질을 높였다.

자신의 표정에 조금 더 과감해보자. 대화 상대에게 당신이 상대방을 잘 인지하고 있으며 같은 기분을 느끼고 있다는 것을 보여줘라. 당신이 더 다양한 모습을 보여줄수록 당신의 태도는 더욱 생동감 있고 융통성 있게 보일 것이며 의사소통은 더욱 강렬하게 이루어질 것이다. 당신이 누군가를 따라 하고 있다는 사실을 들킬까 봐 걱정하지 않아도 된다. 표정 신호를 미러링하는 것은 아주 자연스럽게 이루어지기 때문에 상대방은 이를 단지 무의식으로 인지하게 될 것이다. 상대방은 의식적으로 모방을 인지하지 않고 그냥 직관적으로 서로 일치되었다는 것만 인지할 뿐이다.

당신이 어떤 표정을 짓는지 파악하라

이 연습은 거울 앞에서 해보거나 아니면 휴대폰으로 촬영하면서 해볼 수 있다. 다음 질문에 대답을 하면서 당신의 표정이 어떻게 변하는지 정확하게 관찰해보자.

#질문해보기

- 당신이 들었던 최고의 사랑 고백은 무엇이었는가?
- 최근에 가장 민망했던 일은 무엇이었는가?
- 당신이 가장 갖고 싶은 자동차는 무엇인가?
- 상사에게 말하고 싶지만 차마 하지 못하는 말은 무엇인가?

- 가장 좋아하는 아이스크림 종류는 무엇인가?

- 당신의 배우자 또는 연인에게 가끔 정말 화가 나는 점은 무엇인가?

- 당신이 경험한 가장 무서운 일은 무엇인가?

질문에 대답할 때마다 당신의 표정이 어떻게 변하는지 잘 살펴보자. 별다른 표정 변화가 나타나지 않는 질문이 있는가? 입술을 꼭 다물거나 눈썹을 치켜올리거나 눈을 빠르게 깜빡이거나 입꼬리가 내려가는 등 자주 나타나는 반응이 있는가? 그렇다면 그런 특징을 잘 기억해서 중요한 대화를 할 때 잘 통제할 수 있도록 하자.

● ········· **면접 때 어떤 표정을 지어야 하지?**

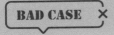

#면접을 보는 도중 가면이 벗겨지다

한나는 입사 면접을 보고 있다. 몹시 긴장되지만 그래도 씩씩하게 미소를 짓는다. 미소를 지으면 호감을 얻을 수 있다는 것을 알기 때문이다.

하지만 한나의 면접을 보고 있는 인사 팀장은 전혀 미소를 짓지 않고 있다. 그의 표정은 굳어 있고 미간에 세로로 주름이 있다. 그래서 한나는 불안하다. 그럴수록 더 과장되게 미소를 짓지만 동시에 초조하게 눈을 깜빡인다. 인사 팀장이 한나에게 이전 회사를 그만둔 이유를 묻자 한나는 무의식적으로 눈을 질끈 감고 입꼬리가 내려간다. 이전 회사에서 일방적으로 해고당했기 때문이다. 마음속으로는 이미 절망감에 사로잡힌다. 그래서 인사 팀장이 면접을 마치면서 짓는 미소에도 미소로 응답할 수 없다.

가면을 쓴 것 같은 표정은 의사소통을 방해하는 심각한 요인이 될 수 있다. 이런 실수는 오히려 자기 자신에게만 온 신경이 고정되어 있을 때 일어난다. 한나는 상대방의 표정에 주의를 기울이지 않았기 때문에 인사 팀장이 자신의 미소에 응하지 않는다는 것을 눈치채지 못한다. 이 때문에 둘 사이에는 간극이 생기고 불편한 분위기가 조성된다. 인사 팀장은 한나의 미소가 진짜가 아니기 때문에 정직하지 않다고 느낀다. 뒤이어 초조하게 눈을 깜빡이다가 눈을 질끈 감고 입꼬리를 내리는 것을 보면서 당황해한다. 한나가 표정으로 처음과 완전히 다른 기분 상태를 나타냈기 때문이다. 나중에 인사 팀장은 한나에게 별다른 호감을 느끼지 못했다고 말할 것이다.

#팀장의 표정을 따라 취하다

한나는 흥분이 되지만 긴장하지 않은 상태에서 면접을 시작한다. 지금 면접을 보는 직책에 자신이 적임자일지 여부와 상관없이 일단은 인사 팀장에게 인간적으로 좋은 인상을 심어주기로 결심한다. 한나는 인사 팀장의 심각하고 경직된 표정과 미간 사이에 주름이 잡힌 것을 알아차리고 이 표정을 취하기로 한다. 한나도 마찬가지로 미간을 살짝 찌푸리면서 그의 표정을 미러링한다. 대화를 나누면서 한나는 계속해서 대화 상대에게 집중한다. 팀장이 살짝 미소를 지으며 표정에 변화가 나타나자마자 이 표정도 미러링한다. 그리고 나갈 때 팀장이 활짝 짓는 미소에 한나도 미소로 응답한다.

전략 3
외모가 아닌 표정을 관리하라

중요한 대화를 나누기 전에 잠깐 조용한 장소를 찾아서 긴장을 푸는 연습을 해보자. 적절한 표정 신호를 보내는 데 도움이 될 것이다.

#연습해보기

- 마치 하품을 하듯이 입을 활짝 벌린다.

- 입 운동을 몇 차례 반복한다.

- 눈썹을 리드미컬하게 치켜올렸다가 다시 내린다.

- 위의 움직임을 몇 차례 반복한다.

> • 입을 벌리고 아래쪽을 쳐다본다. 모든 얼굴 근육을 풀고 머리를 살짝 흔든다.

　많은 연기자들이 무대에 오르기 전에 자신의 표정에 리셋 버튼을 누른다고 한다. 눈과 입은 표정에서 가장 큰 비중을 차지하면서도 가장 잘 경직되는 부위이기도 하다. 따라서 상대방에게 오해를 불러일으키지 않으려면 긴장을 푸는 연습을 자주하는 것이 좋다. 특히 중요한 대화를 해야 할 땐 대화를 하기 전에 항상 얼굴의 긴장을 풀어야 한다. 그러면 당신의 얼굴은 진짜 감정을 그릴 수 있는 하얀 캔버스가 된다. 상대방에 대한 관심과 공감을 표현하기 위한 표정들을 그 위에 그릴 수 있다.

●········ **표정 관리가 필요한 순간**

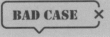

#기쁘기는커녕 걱정이 태산

렌은 새로운 소식을 전하기 위해 어머니의 집을 찾아간다. 임신했다는 소식을 알리기 위해서다. 렌은 행복한 표정으로 임신 테스트기에 양성 반응이 나왔고 초음파 사진도 확인했다고 말하며 어머니의 반응을 살핀다. 어머니는 미소를 짓지만 눈을 가늘게 뜬다. 렌은 어머니가 뭔가 회의적일 때마다 그런 표정을 짓는다는 것을 알고 있다. 렌은 실망하며 어머니에게 묻는다. "기쁘지 않으세요? 왜 그래요? 할머니 되는 게 싫어서 그래요?" 어머니는 이를 부인하지만 친밀한 모녀 관계에는 이미 틈이 생겨버렸다. 렌은 어머니의 반응에 상처를 입었다.

렌의 표정과 어머니의 표정은 상극이다. 어머니는 기쁜 소식을 전하는 렌을 전혀 미러링하지 않았다. 실제로 렌의 어머니는 그 소식을 듣자마자 온갖 복잡한 생각들이 떠올랐기 때문에 미러링할 여유가 없었다.

사실 어머니는 렌이 일찍 결혼을 했지만 아이만큼은 천천히 갖기를 원했다. 당장 배가 불러오면 회사는 어떻게 할지, 아이를 낳고 나면 자신이 함께 돌봐야 하는 건지 여러 가지 생각이 몰려왔다. 당연히 걱정할 수밖에 없는 상황이지만 걱정에 집중하느라 정작 딸의 기분을 헤아리지 못했다. 먼저 딸에게 기뻐하는 반응을 보여주고 걱정되는 점들을 나중에 얘기했다면 좋았을 것이다.

똑같은 이야기라도 감정적으로 먼저 교류한 다음에 하는

것과 그전에 하는 것은 받아들이는 입장에서 굉장히 다르다. 하지만 사람들은 이 점을 쉽게 간과하고 너무 성급하게 자신의 생각을 표현한다. 그래서 진심으로 상대방을 위한 말을 해도 상대방은 상처를 받고 만다.

GOOD CASE ✓

#네가 기뻐하니 나도 기쁘구나!

렌은 활짝 미소를 지으며 임신 테스트기에서 양성 반응이 나왔고 초음파 사진도 찍었다고 얘기하면서 어머니의 반응을 살핀다. 눈을 동그랗게 뜨고 눈썹을 치켜올리고 입은 살짝 벌어지고 입꼬리는 위로 올라갔다. 어머니는 곧바로 렌이 기뻐하는 모습을 포착하고 그 기쁨에 기꺼이 전염된다. 어머니도 눈을 크게 뜨고 눈썹과 입꼬리를 올리고 축하해준다. 포옹까지 한 다음 렌에게 걱정스러운 점들을 말한다. 대화를 마치고 나서 렌은 어머니에게 고마운 마음을 느낀다.

렌의 어머니는 딸에게 가장 먼저 표정으로 기뻐하는 모습을 보여줬기 때문에 감정적 교류가 이루어졌다. 나중에 어머니가 걱정하는 것들을 듣고 나니 어머니에게 더 고마워졌다.

어머니가 걱정스러워한다는 것은 똑같지만 미러링을 통해 감
정적 교류가 이뤄졌기 때문에 어머니의 회의적인 발언에도
실망하지 않을 수 있었다.

전략 4

상대방과 나의 자세가
비대칭인지 확인하라

사람들이 무의식적으로 취하는 자세 속에는 현재 심리 상태를 드러내고 있는 경우가 많다. 상대방의 신체 언어 속에 숨겨진 메시지를 파악해보자. 상대방의 자세를 따라 하며 공감대를 형성하는 것만으로 대화 분위기는 훨씬 더 부드러워진다. 하루에 한 번이라도 다른 사람의 자세를 모방하면서 신체 언어에 대한 감각을 훈련해보자. 지하철, 버스, 카페 등 어디서든지 할 수 있다. 이 연습은 다음과 같은 질문에 답하기 위해 필요하다.

- 다른 사람의 자세를 따라 한 뒤 내면 상태는 어떻게 변하는지 살펴 보자.

- 이를 통해 내가 따라 한 사람의 내면 상태가 어떤지 파악할 수 있는가?

- 이 사람의 내면 상태를 어떤 말로 표현할 수 있는가? (긴장이 풀린, 흥 분한, 무관심한, 심사숙고하는, 스트레스를 받은, 즐거운)

당신이 잘 알고 있는 사람과 대화하며 이 연습을 반복해 보자. 그러면서 상대방의 내면이 어떨지 적절한 표현을 찾아 보자. 그럼 이제 이 전략을 실제 상황 속에 적용해 살펴보자.

사춘기 자녀와의 갈등

BAD CASE ✕

#갑자기 왜 소리를 질러요!

요하네스는 퇴근 후 집에 왔다. 그는 즐거운 저녁시간을 기대하며 집안으로 들어오자마자 열여섯 살짜리 아들 로빈의 방에 들어간다. 아들은 손에 스마트폰을 들고 침대에 누워서 빈둥거리고 있다. 침대 위에는 과자 부스러기가 떨어져 있고 바닥에는 더러운 티셔츠가 널브러져 있으며 한쪽 구석에서는 정체를 알 수 없는 쓰레기가 잔뜩 쌓여 있다. 게다가 고약한 냄새까지 난다. 요하네스는 화가 치밀어 오른다. 요하네스는 아들 로빈 앞에 다리를 벌리고 선 채로 손가락질을 하며 고래고래 소리를 지른다. "방이 완전 돼지우리잖아! 더 이상 못 참아주겠어! 방 치우라고 내가 수백 번도 넘게 얘기했잖아!" 로빈은 지루한 표정으로 올려다본다. "갑자기 왜 소리 질러요. 제가 알아서 하거든요?" 요하네스는 거의 폭발 직전이지만 아무리 소리를 질러도 로빈은 꼼짝도 하지 않는다.

부모와 사춘기 자녀 사이에서 다툼이 일어나는 가장 큰 이유는 서로의 생각이 다르기 때문이다. 그리고 이러한 생각들은 외적인 태도로도 나타난다. 로빈은 자신의 신체 언어로 '나는 누가 뭐라 해도 상관없어요. 나는 지시에 따르지 않겠어요. 나는 내가 하고 싶은 대로 할 거예요'라는 신호를 보낸다. 그리고 아버지는 다리를 벌리고 떡하니 서 있는 자세로 자신의 권위를 말하고 싶어 한다. '나는 네 아버지야. 나는 네 윗사람이고 너는 내 말을 들어야 해.' 아버지는 이런 권위적인 자세를 통해 아들은 당연히 그의 말을 들어야 하는 입장이라고 규정한다. 이런 태도는 로빈의 반발심을 불러일으켰고, 로빈은 당장 일어나서 아버지의 말을 듣는 대신에 계속 침대에 누워 있다.

두 사람의 신체 언어가 비대칭을 이루면서 갈등은 더욱 고조된다. 갈등을 해소하려면 둘 중 한 사람이 공감대를 형성하고 미러링할 준비가 되어 있다는 것을 겉으로 보여줘야 한다.

GOOD CASE 1 ✓

#아버지가 아들을 미러링한다

요하네스는 자신은 서 있는데 그대로 누워 있는 로빈의 반항적인 태도를 곧바로 알아차린다. 요하네스도 침대에 누워 똑같이 휴대폰을 꺼내자 로빈은 어리둥절해한다. 요하네스는 한동안 휴대폰을 만지작거리다가 무심결에 말한다. "내가 네 나이일 때 나도 방 치우는 게 정말 싫었어." 서로 공감대를 형성하면서 대화를 이어가고 마지막에 같은 주파수에 이르렀을 때 요하네스는 아들에게 방을 치우라고 부탁한다. 아버지의 부탁이 대립적이거나 권위적이지 않기 때문에 부자는 절충을 한다. 로빈은 쓰레기라도 정리해버리기로 한다.

#아들이 아버지를 미러링한다

로빈은 아버지의 신체 언어를 보고 아버지가 상당히 화가 나 있고 권력 싸움을 하려는 것을 알아차린다. 그래서 로빈은 침대에서 일어나 마찬가지로 다리를 벌리고 요하네스 앞에 선다. 그는 훈계를 듣고 싶지 않고 동등한 입장에서 눈높이를 맞춰 대화하고 싶다. 그리고 이런 상황에서 아무렇지 않게 그냥 누워 있는 것은 도발적으로 보인다는 것을 알고 있다. 그는 신체 언어를 미러링함으로써 아버지의 화를 조금 누그러트린다. 요하네스는 평정심을 되찾는다. 로빈은 이제 차분하게 자신의 입장을 말한다. 자신은 방 정리에 대해 다른 생각을 가지고 있고 자기 방식대로 방을 정리하고 싶다고 밝힌다. 아버지가 한발 물러서자 로빈은 자발적으로 쓰레기를 치우겠다고 제안한다.

물론 둘의 관계가 기본적으로 좋아야 로빈이 아버지를 기꺼이 미러링할 것이다. 하지만 사춘기 갈등은 장기간 진행되는 경우가 많고 이런 갈등이 일어날 정도라면 이미 관계가 좋지 않은 경우가 많다. 두 사람 중 아마도 어른인 요하네스가 아들을 미러링하는 것이 더 효과적일 것이다. 요하네스는 권위적인 태도를 보이는 대신에 신체 언어를 통해 상하관계적 요소를 제거함으로써 갈등의 잠재적인 요인들도 함께 제거할 수 있다.

표정과 신체 언어로
나의 이미지를 구축하라

당신은 대화를 할 때 주로 어떤 자세를 취하는가? 그리고 그 자세가 상대방에게 어떻게 비춰지는지 알고 있는가? 이번에 소개할 전략은 나의 신체 언어를 인지하고 대화 속에 적절히 활용하는 법이다. 이 전략을 내면화하기 위해 먼저 일상생활에서도 사용할 수 있는 문장을 골라보자. 예를 들어 "그라프 씨, 펜을 좀 빌려줄래요?" 또는 "엄마, 나 청바지를 사야 하는데 고르는 것 좀 도와줘!" 같은 문장들을 고르면 된다. 이제 이 문장을 다음 상황에서 말해보자.

- 의자에 등을 굽히고 앉아서 말하기

- 꼿꼿하게 서서 말하기

- 침대에 누워서 말하기

- 식탁에 앉아서 말하기

- 걸어가면서 말하기

이때 당신의 자세에 따라 감정이 어떻게 변하는지 잘 관찰해본다. 다음에 일상적인 대화를 할 때 의식적으로 자신의 자세가 어떤지 체크하고 대화 상대와 같은 자세를 취해보자. 상대방은 어떻게 반응하는가? 어떤 느낌이 드는가? 공감대가 형성되었는가?

중요한 계약을 따내야 할 때

BAD CASE ✕

#상대방의 기세에 주눅이 들다

마이크는 대형 보험사의 팀장에게 손해보상과 관련된 새로운 소프트웨어를 개발했으니 사용해보라고 제안할 예정이다. 마이크는 이 소프트웨어를 특별히 이 보험사를 위해서 개발했고 개발 비용을 미리 자기 돈으로 지불했기 때문에 어떻게든 호프만 팀장을 설득하려고 한다. 하지만 사무실에 들어가자마자 호프만 팀장을 보고 주눅이 들었다.

마이크는 청바지와 구겨진 린넨 재킷을 입고 왔는데, 그와 상반되게 호프만은 말끔한 정장을 입고 나타났기 때문이다. 게다가 마이크는 느리게 움직이는데 호프만 팀장은 허리를 꼿꼿이 세우고 빠르게 그를 향해 다가온다. 악수를 하는데 악력이 너무 세서 마이크는 손이 찌그러지는 것은 아닌가 하는 생각마저 든다. 마이크는 놀라서 의자에 털썩 앉는다. 그 반면에 호프만 팀장은 의자에 기대지도 않고 꼿꼿하게 허리를 편 채로 앉는다. 마이크는 소프트웨어에 대해 능숙하게 잘 설명했으나 대화는 몇 분 만에 끝나버린다. 어쩐지 팀장과의 교류가 잘 이루어지지 않은 것 같다. 기대했던 계약을 따내지 못한 채 그는 사무실에서 나온다.

마이크와 호프만 팀장은 옷차림도 자세도 너무 달랐다. 마이크는 호프만 팀장을 미러링하는 대신에 주눅이 들면서 무의식적으로 방어 자세를 취했고 의도치 않게 둘 사이의 간극을 더 넓혔다. 아무리 좋은 소프트웨어라고 해도 소프트웨어를 소개하는 사람에게 신뢰가 가지 않으면 계약은 진행되기 어렵다. 호프만 팀장은 마이크가 약하고 자신감이 없어 보이기 때문에 효율적인 소프트웨어를 개발하기에 프로페셔널하지 않다고 생각한다. 힘없이 악수를 할 때부터 믿음직하지 않았다. 그래서 팀장은 마이크와 거리를 두기 위해 무의식적으로 더욱 꼿꼿한 자세를 취하며 서둘러 대화를 끝낸 것이다.

GOOD CASE ✓

#상대방의 신체 언어를 따라 한다

마이크는 사무실로 들어가자마자 자신의 대화 상대를 의식적으로 인지하고 마음속으로 상대방에 대한 이미지를 떠올린다. 호프만 팀장은 장군이다. 물론 실제로 군인은 아니지만 이런 이미지를 떠올리는 것은 마이크가 그에게 감정 이입을 하는 데 도움이 된다. 마이크는 그의 꼿꼿한 자세와 절도 있는 걸음걸이를 파악하고 곧바로 미러링에 들어간다.

마이크는 고개를 들고 어깨를 펴고 허리를 살짝 앞으로 내민다. 그리고 인사를 할 때 그에게 오른손을 내민다. 호프만 팀장이 강하게 악수하자 마찬가지로 손에 힘을 주고 강하게 악수를 한다.

마이크는 의자에 앉으면서 가능한 한 모든 근육을 긴장시키려고 애쓴다. 그리고 호프만 팀장과 마찬가지로 의자에 등을 기대지 않는다. 배를 넣고 가슴에 힘을 주면서 상대방의 신체 언어를 따라 한다. 이렇게 하자 소프트웨어를 소개할 수 있는 적절한 목소리와 단어가 저절로 나온다. 그는 평소보다 자신감이 넘치는 자세로 간단명료하게 팀장을 설득한다. 다른 장군과 같은 눈높이에서 소통하는 장군처럼 말이다. 두 사람은 빠르게 계약에 합의하고 마이크는 좋은 기분으로 사무실에서 나온다.

나와 다른 신체를 가진 사람에게
공감하는 법

우리는 다양한 신체를 가지고 있다. 그리고 어떤 신체를 가지고 있느냐에 따라 상황을 받아들이는 감정 또한 다르다. 이번에 소개할 전략은 상대방과 나의 신체 상황이 어떻게 다른지 인지한 다음 대화에 활용하는 법이다. 먼저 다음 상황들을 떠올려보자.

#당신이 이런 상황이라면?

• 쇼핑을 하고 무거운 장바구니를 들고 나올 때, 항상 그렇게 무거운 장바구니를 들고 돌아다녀야 한다고 상상해보자. 그런데 지금 만약

장바구니를 들고 있지 않고 가볍고 경쾌하게 다니는 사람과 마주치게 된다면 어떤 감정이 드는가? 그 사람을 미러링할 수 있는가?

- 더운 날씨에 무거운 겨울 부츠를 신고 산책을 하는 장면을 떠올려보자. 얼마나 힘들지 느껴지는가? 이때 누군가 맨발로 당신에게 다가온다고 상상해보자. 하지만 당신은 부츠를 벗을 수 없다. 당신은 어떤 감정을 느끼는가? 그 사람을 미러링할 수 있는가?
- 당신이 아이라고 상상해보자. 머릿속으로 당신이 살고 있는 동네를 거닐어보자. 손잡이나 슈퍼마켓 맨 위 선반 등 당신의 손이 닿지 않는 곳이 너무나 많다. 이때 거인이 당신을 향해 허리를 숙이고 위협적으로 당신에게 말을 하면 어떤 기분이 들까?

상대적으로 몸이 자유롭지 못한 사람들을 새로운 눈으로 바라보는 연습을 해보자. 이 연습을 하면 노인이나 아이 또는 신체적으로 어려움을 겪는 다양한 사람들의 입장이 될 수 있다. 우리는 차이를 종종 간과하고 그들을 미러링하지 못한다. 그래서 우리는 가끔 슈퍼마켓 계산대 앞에서 할머니가 지갑을 뒤지며 꾸물거리거나 우리 앞에서 느릿느릿하게 버스에 올라탈 때 답답해한다. 다른 사람들과 더 성공적으로 의사소통을 하기 위해서뿐만 아니라 더 인간적으로 다른 사람들을 대하기 위해서 공감하는 연습을 하도록 하자.

나도 모르게 남을 불편하게 만드는 자세

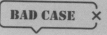

#네 옆에 있으면 젖은 포대 자루가 된 기분이야

클라우디아는 기분이 좋다. 금방 운동을 하고 오는 길이라 기분이 상쾌하다. 집으로 가는 길에 우연히 친구 카트린을 만난다. 클라우디아는 운동하고 온 얘기를 신난 몸짓으로 하면서 운동 가방을 흔들기도 하고 운동으로 잘 단련된 유연한 몸을 스트레칭한다. 몇 분이 지나서야 클라우디아는 카트린의 표정이 점점 굳어가는 것을 알아차린다. 카트린은 과체중이라 다이어트 때문에 스트레스를 받고 있는 상황이었다. 카트린은 어깨와 팔을 축 늘어뜨리며 클라우디아 앞에 서 있고 발은 살짝 밖으로 벌어졌다. 클라우디아가 "기분 나쁜 일 있어?"라고 묻자 카트린이 씁쓸하게 내뱉는다. "네 옆에 서 있으면 난 항상 젖은 포대 자루가 된 기분이 들어." 그러더니 몸을 돌려 가버린다. 클라우디아는 어안이 벙벙해서 가만히 서 있다.

체격, 체중 그리고 몸 상태에 따라서 모든 사람들은 각자 자기만의 신체 언어를 가지고 있다. 그렇다고 해도 상대방에게 공감하며 소통하는 사람들은 미러링을 통해서 항상 주의를 기울인다. 만약 클라우디아가 카트린의 신체적인 신호에 민감했다면 카트린을 따라 가만히 서 있었을 것이다. 왜냐하면 카트린은 클라우디아가 몸을 민첩하게 움직이며 말하는 것을 볼 때마다 자신의 굼뜬 몸이 고통스럽게 의식되기 때문이다. 클라우디아의 신체 언어는 카트린을 수동적인 청취자로 만들어버렸다. 그래서 카트린은 배제당하거나 심지어 무시당한다는 느낌까지 받는다.

GOOD CASE ✓

#신체 언어의 차이를 인지하다

클라우디아는 카트린을 보자마자 친구의 느린 움직임이 눈에 들어온다. 클라우디아는 힘차게 걸어오던 것을 잠시 멈춘다. 친구의 신체 언어는 지금 자신의 신체 언어와 대비를 이룬다는 것을 알아차린다. 이런 대비를 완화시키고 유대감을 형성하기 위해서 클라우디아는 친구를 미러링한다. 클라우디아는 가방을 내려놓고 가만히 친구 앞에 선다. 인사를 한 후 클라우디아는 친구에게 "요즘 잘 지내?"라고 묻는다. 그러자 카트린은 직장에서 있었던 얘기를 시작하면서 손을 움직이고 살짝 옆으로

> 비켜선다. 클라우디아는 이 변화도 미러링한다. 마지막에 두 사람은 내
> 일 같이 커피를 마시자는 약속을 하고 헤어진다.

클라우디아는 공감하는 태도를 보이며 친구에게 유대감을 전달했다. 클라우디아 자신도 예전에 체중이 많이 나갔던 경험이 있기 때문에 과체중인 사람이 날씬하고 유연한 사람 옆에 서 있으면 얼마나 불편한 기분이 드는지 너무나 잘 알고 있다. 클라우디아는 카트린이 과체중 때문에 열등감을 느끼지 않았으면 좋겠다. 그래서 상대방과 똑같은 신체 언어로 소통하며 공감대를 만들었다.

지금까지 우리는 표정과 신체 언어에 담긴 메시지를 분석하고 공감적 소통에 활용하는 법을 알아보았다. 이제 다음 장에서는 조금 더 치밀하게 상대방의 마음을 파고드는 '말'을 선택하는 법에 대해 알아보자.

| CHAPTER 6 |

"상대방이 원하는
단 하나만 던져라"

어떤 논리적인 설득보다 효과적인 가치관 미러링

의견이 달라도
공감은 가능하다

사람들은 저마다 아주 다양한 가치관과 사고방식을 가지고 살아간다. 이는 개인의 정체성에서 큰 부분을 차지한다. 우리가 어떤 것을 좋게 생각하는지 또는 그렇지 않은지, 우리가 어떤 것을 가능하다고 또는 불가능하다고 생각하는지 등은 항상 개인적인 가치관과 관련 있다. 그리고 우리는 이런 가치관을 바탕으로 어떤 결정들을 내린다. 예를 들어 안전을 최고의 가치로 여기는 사람은 새로운 것을 대할 때 어려움을 느낀다. 익숙한 환경에서 살고 활동하고 싶기 때문이다. 그러나 반대로 도전을 갈구하는 사람은 익숙한 환경을 지루해한다. 그래서 이런 사람들은 항상 새로운 과제를 찾는다.

인간관계에서도 가치관과 사고방식은 중요한 역할을 한다. 의견이 일치하면 금방 한마음이 되지만 의견이 심하게 다르면 힘들어진다. 따라서 미러링은 다른 사람이 보여주는 사고방식과 가치관에 감정을 이입하는 데까지 확대되어야 한다. 이들의 사고방식이나 가치관을 그대로 따를 필요는 없다. 다만 그것을 이해하고 인정한다는 것을 보여주기만 하면 된다.

같은 가치관을 가진 사람들끼리 있으면 편안함을 느끼지만, 그렇지 않은 경우에는 불안하고 무의식적으로 위협을 느낀다. 그래서 먼저 미러링을 통해 자신의 가치관을 존중해준다고 느낄 수 있게 만들어야 한다. 하지만 자신의 가치관이 너무 확고하여 상대방의 가치관을 전혀 인지하지 못하거나 무의식적으로 거부하는 경우가 많다. 그렇기 때문에 일단 상대방의 가치관이나 사고방식을 이해하기 위해서 우선 잘 경청하는 것이 중요하다. 그런 다음에 비록 자신은 경우에 따라서 다른 가치관에 우선순위를 두더라도 상대방의 가치관을 이해하고 공감할 수 있다는 신호를 보낼 수 있다.

상대방이 중요하게 생각하는 가치를 언급하라

당신은 말할 때 어떤 단어를 자주 쓰는가? 의도적으로 어떤 가치관을 드러내려고 하지 않아도 습관적으로 자주 하는 말 속에는 그 사람의 생각이 반영되어 있기 마련이다. 이 연습은 상대방이 어떤 가치관을 가지고 있는지 아직 잘 몰라 파악해야 하는 사람들을 대상으로 실시할 때 가장 효과적이다.

#생각해보기

- 상대방의 단어 선택에 집중한다. 상대방이 가장 즐겨 쓰는 단어에 주의를 기울여보자.

- 그 단어들은 어떤 가치를 말해주는가?
- 대화할 때 그 단어들을 반복해서 말한 뒤 당신의 대화 상대가 어떻게 반응하는지 관찰해보자.

　사람들은 자신이 가장 즐겨 쓰는 단어들을 상대방이 쓸 때 상당히 뿌듯해한다. 곧바로 자신이 인정을 받았다고 느끼기 때문이다. 대화 상대가 자신과 똑같은 가치관을 갖고 있으리라 기대하지는 않아도 누구나 자신이 이해받고 있다고 느끼면 행복해진다. 일상에서 그런 일이 너무나 드물게 일어나기 때문이다.

●⋯⋯⋯ 함께 일하고 싶은 동료에게 입사를 권할 때

#하지만 네 커리어를 생각해봐

베른트는 뮌헨에서 섬유 회사를 운영하고 있는데 IT 부서에서 일할 새로운 직원을 급히 찾고 있다. 그래서 수백 킬로미터 떨어진 다른 도시에 살고 있는 동창생 펠릭스에게 전화를 건다. 베른트의 목표는 펠릭스가 이직을 하고 가족과 함께 뮌헨으로 이사 오게 하는 것이다.

베른트: 어이, 펠릭스! 요즘 어떻게 지내?

펠릭스: 아주 잘 지내고 있어. 아이들도 잘 지내고 있고 운동도 많이 해. 베라는 최근에 부티크에서 반일 근무를 다시 시작했는데 아주 좋아해. 너는?

베른트: 나도 잘 지내고 있어. 근데 급히 IT부서를 맡아줄 팀장을 찾고 있어. 그래서 단도직입적으로 말하자면 난 네가 적임자라고 생각해.

펠릭스: 그렇게 생각해줘서 고맙지만 우리는 여기 생활에 아주 만족하고 있어. 친한 지인들도 많고 아이들도 좋은 학교에 다니고 있어. 지금 직장을 옮기는 것은 우리에게 여러모로 힘들 것 같아.

베른트: 하지만 네 커리어를 생각해봐. 지금 다니는 회사에서는 이미 다 이뤘잖아. 우리 회사로 오면 더 발전할 수 있어.

펠릭스: 미안해. 하지만 난 가족이 더 중요해.

베른트: 그래, 그러니까 네 미래를 생각해보라는 거야. 너는 점점 나이가 드는데 젊은 세대가 밑에서 치고 올라오잖아. 10년 후에 너는 어떤 자리에 서 있을 거라고 생각해?

펠릭스: 두 다리로 지구에 서 있겠지. 근데 툭 까놓고 말해서 내가

모든 걸 포기하고 이곳을 떠날 이유가 있을까? 지금 이대로
도 충분히 만족하면서 살고 있는데.

베른트: 나중에 분명히 후회할 거야. 이런 이직 제안은 날이면 날마다
오는 게 아니라고.

펠릭스: 그건 나도 알아. 하지만 이직을 하게 되면 해결해야 할 문제가
한두 가지가 아니야.

베른트: 그럴수록 빨리 결정을 내려야지. 너한테 많은 권한이 주어질
거고 높은 연봉에 보너스까지 받게 될 거야.

펠릭스: 미안해. 난 이제 그만 나가야 해. 아이들이 오늘 학교에서 공
연이 있거든. 잘 지내!

베른트: 음, 그래. 그럼 다음에 또 연락하자.

두 친구는 서로 다른 얘기를 하고 있다. 왜일까? 서로 완전
히 다른 가치관을 가지고 있기 때문이다. 베른트가 '커리어',
'발전', '권한' '연봉'이란 말을 사용하는 것을 보면 그가 어떤
가치를 중요하게 생각하는지 잘 알 수 있다. 그 반면에 펠릭스
는 직업보다 가족을 더 중요하게 생각한다. 그는 가족의 행복
을 최고의 가치로 여기는 사람이다. 그렇기 때문에 이직을 하
면 이사를 해야 하는 것이 가장 큰 문제라고 이야기하지만 베
른트는 여기에는 관심이 없다. 그는 친구가 중요하게 생각하

는 가치를 무시한 채 대화를 나누고 있다. 그래서 그는 펠릭스가 이직 제안에 관심을 갖게 만들기는커녕 전혀 설득시키지 못했다.

만약 베른트가 펠릭스의 가치관에 대해 잘 알았다면 대화는 훨씬 더 수월하게 진행되었을 것이다. 잘 지내고 있느냐는 질문에 펠릭스가 아내와 아이들만 언급한 것을 듣고 베른트는 알아차렸어야 했다. 그리고 이어서 펠릭스가 사용하는 핵심 단어에 주의를 기울여야 했다. '아이들', '베라(아내)', '친한 지인들', '학교', '가족' 등. 이런 단어들을 통해서 펠릭스가 중요하게 생각하는 가치를 미러링해서 다가가는 것이 훨씬 더 현명했을 것이다.

#네 가족에게 엄청난 변화라는 건 나도 알아

베른트: 어이, 펠릭스! 요즘 어떻게 지내?

펠릭스: 아주 잘 지내고 있어. 아이들도 잘 지내고 있고 운동도 많이 해. 베라는 최근에 부티크에서 반일 근무를 다시 시작했는데 아주 좋아해. 너는?

베른트: 나도 아주 잘 지내고 있지. 베라가 일을 좋아하고 아이들도 운동을 활발하게 하고 있다니 다행이야. 아이들이 이제 몇 살이지?

펠릭스: 막스가 열 살, 엘렌이 여덟 살이야. 다행히 둘 다 학교 다니는 것도 좋아해. 막스는 축구팀에서 뛰고 있고 엘렌은 테니스를 잘 쳐. 여기서 아주 행복한 생활을 하고 있어.

베른트: 오, 좋다. 아이들이 학교에서 잘 지내고 운동까지 잘하면 정말 걱정할 게 전혀 없지. 행복한 가정이 모든 일의 바탕이니까 말이야.

펠릭스: 내 말이 바로 그거야.

베른트: 보니까 그곳에 터를 잡고 아주 잘 지내고 있네. 그래도 혹시 뮌헨으로 이직할 생각이 없는지 물어보려고. IT 부서 팀장 자리가 났는데 네가 적임자라는 생각이 들어서 말이야. 만약 이직하게 되면 베라와 아이들이 새로운 환경에 잘 적응할 수 있도록 특별히 많은 신경을 쓸 생각이야.

펠릭스: 글쎄 잘 모르겠다······.

베른트: 이직을 해서 이사하는 게 네 가족에게 엄청난 변화라는 건 나도 잘 알고 있어. 하지만 지원센터를 통해서 살 집, 아이들 학교 그리고 베라의 일자리를 구하는 데 도움을 받을 수 있어.

펠릭스: 그렇다면 조금 수월해질 수는 있겠지.

베른트: 너한테 생각해볼 시간을 줄게. 베라하고 아이들하고 잘 상의

해보고 결정해. 어쨌든 나는 네가 이직을 결정하면 전적으로 지원할 생각이야. 이직하면 연봉도 훨씬 오를 뿐만 아니라 당연히 이 업계에서 발전할 수 있는 기회가 상당히 많아질 거야.

펠릭스: 그래, 고마워. 베라랑 잘 얘기해볼게.

베른트: 그래, 꼭 잘 상의해봐. 베라에게 안부 전해주고 혹시 더 궁금한 점이 있으면 내가 직접 찾아가서 더 자세한 얘기를 할 수도 있어.

펠릭스: 알았어. 한 번 생각해볼게.

이 대화에서 베른트는 뛰어난 감정 이입 능력을 보여준다. 베른트는 펠릭스가 첫 대답에서 아내와 아이들을 언급했을 때 펠릭스가 추구하는 최고의 가치가 가족이라는 사실을 제대로 파악했다. 그래서 베른트는 펠릭스의 말과 핵심 개념들을 끄집어냈고 이직을 제안할 때 펠릭스가 가족과 이사하는 것이 수월할 수 있도록 전적으로 지원하겠다는 측면을 강조한다. 다시 말해서 그는 펠릭스의 가치관을 미러링한다. 그래서 펠릭스는 자신이 이해받고 진심으로 존중받고 있다고 느꼈고 이직 제안에 대해 진지하게 생각해보게 된다.

상대방이 이성적인지 감성적인지
파악하라

누군가를 설득할 때 상대방이 실용성을 중시하는 사람인지 아니면 감정적인 것을 중시하는 사람인지 미리 파악해보자. 어떤 점을 더 강조하며 설득해야 할지 생각해보자.

> **#생각해보기**
>
> • 감정과 관련된 단어(사랑, 기쁨 등)는 얼마나 자주 등장하는가?
>
> • 객관적 사실(숫자, 통계 등)에 근거하여 자주 이야기하는가?
>
> • 당신과 대화하는 상대는 이성적인지 감성적인지 생각해보자.
>
> • 상대방의 가치관에 따라 단어를 적절히 선택해 미러링을 한다.

대화를 되짚어보면서 당신의 판단이 들어맞았는지 생각해보자. 당신이 미러링한 가치에 대해서 좋은 피드백을 얻었는가? 대화 상대가 어떤 가치를 중시하는지 판단하는 감각을 기르기 위해서 적당한 기회가 있을 때마다 이 연습을 반복해보자. 이 전략은 특히 손님에게 물건을 추천해야 할 때 참고하면 효과적이다.

 처음 보는 사람에게 물건을 팔 때

BAD CASE ✕

#손님의 취향은 신경도 쓰지 않고

뮐러는 가구점에서 판매원으로 일하고 있다. 손님이 가게로 들어와서 소파를 사고 싶다고 말한다.

뮐러: 마침 잘 찾아오셨어요. 지금 세일 중이거든요. 어떤 종류의 소파를 원하세요?

손님: 포근하고 편안한 소파요.

뮐러: 이 소파를 추천해드리고 싶어요. 아주 실용적이에요. 펼쳐서

손님용 침대로도 사용할 수 있고 커버는 세탁 가능하고 베이지 색상이라서 어디에나 잘 어울려요.

손님: 저는 정말 편안한 소파를 찾고 있어요. 그야말로 저를 푹 감싸 안아주는 것 같은 그런 소파 말이에요.

뮐러: 그럼 이 소파는 어때요? 아주 고급스러운 블랙 색상이면서 동시에 아주 편안해요. 얼룩이 묻어도 잘 안 보이고 속 쿠션도 아주 튼튼하게 잘 만들었어요.

손님: 흠, 별로 마음에 들지 않아요.

뮐러: 굉장히 유니크한 소파도 있어요. 모양이 화려하고 아주 독특하죠. 가격을 특별히 많이 인하해서 정가보다 훨씬 저렴하게 구입할 수 있어요.

손님: 제 취향은 아니에요. 죄송하지만 다른 가게를 조금 더 둘러보고 올게요.

뮐러는 손님의 속마음에 들어 있는 가치관을 이해하지 못하고 있다. 소파를 사는 일은 감정과 아주 많은 관련이 있다. 이 손님은 소파를 통해서 편안함과 포근함을 느끼고 싶어 한다. 그러므로 이 상품이 그러한 감정을 줄 수 있다고 제대로 전달을 해줘야 한다.

그러나 뮐러는 자꾸만 다른 가치들을 강조한다. 세탁 가능한 커버와 깔끔한 마감 처리 같은 실용적인 측면과 정가보다 싼 가격을 언급하면서 경제적인 측면을 강조한다. 당연히 손님은 이해받지 못한다는 느낌을 받는다.

GOOD CASE ✓

#집처럼 편안함을 느낄 수 있는 소파를 찾으시군요

뮐러: 어떤 소파를 원하세요?

손님: 포근하고 편안한 소파를 찾고 있어요.

뮐러: 알겠습니다. 정말 집처럼 편안함을 느낄 수 있는 소파를 찾으시군요.

손님: 맞아요. 말하자면 제 몸을 푹 감싸 안아주는 것 같은 그런 소파요.

뮐러: 표현이 아주 재밌네요. 그렇다면 손님께서 아주 사랑하실 만한 소파가 있어요. 그리고 이 소파도 손님을 사랑하게 될 겁니다. 정말 편안하고 포근해요.

손님: 네, 정말 마음에 들어요.

뮐러: 그리고 이런 소파는 어때요? 이 소파는 하루 종일 생각나게 만드는 그런 소파에요. 저녁에 집에 들어가면 손님 표현대로 그야말로 푹 감싸 안아주는 것 같거든요. 몸이 안으로 푹 잠길 수 있게

설계되었어요. 그리고 커버가 벨루어 재질이라 정말 부드러워요.

손님: 어머, 진짜 그러네요.

뮐러: 그리고 이 소파도 권해드리고 싶어요. 이 소파에 맞는 부드러운 이불을 함께 제공해드리기 때문에 이불로 몸을 감싸실 수 있어요. 이보다 더 편안할 수가 없어요.

손님: 정말이네요. 완벽해요. 이 소파로 할게요.

이 대화에서 뮐러는 손님의 감정적인 접근 방식에 완전히 몰입한다. 그는 손님이 집안에서 편안한 감정을 느끼고 싶어한다는 것을 이해했다. 그리고 그는 '몸을 푹 감싼다'는 표현을 반복함으로써 손님을 미러링한다. 가격이나 실용적인 부분에 대한 언급은 전혀 하지 않는다. 손님이 추구하는 가치와 욕구를 미러링하고 있기 때문이다.

상대방의 가치관을
판단할 수 있는 말에 집중하라

모든 말 속에 가치관을 파악할 수 있는 메시지가 들어 있다는 것을 앞서 확인했다. 이제는 핵심적인 단어 외에도 상대방이 무엇에 우선순위를 두는지 알아낼 수 있는 언어적인 신호들을 알아보자. 대화할 때 다음과 같은 사항에 주의를 기울여 보자.

#생각해보기

• 가치를 판단할 수 있는 표현들에는 어떤 것들이 있는가?

• '나'라는 단어가 등장하면 더 귀를 기울이자. 예를 들어, "내가 가장

중요하게 여기는 것은 ○○야", "나는 ○○처럼 행동하는 게 좋아/

싫어", "나는 ○○에 관심이 없어" 등의 말에 주목하자.

• 상대방이 한 말을 반복하자. 예를 들어, "그러니까 네 생각은 ○○라

는 거지?", "네가 중요하게 생각하는 건 ○○잖아"라는 식으로 상대

방의 말을 정리하여 언급하자.

상대방의 핵심적인 진술을 내가 다시 반복하면 그의 메시

지는 곧 나의 메시지가 된다. 상대방은 당신을 통해 이해받고

인정받았다는 기분을 느낀다.

 **친구에게 어떤 위로가 힘이 될지 궁금하다면**

BAD CASE ✕

#나는 단지 현실적으로 말해주는 거야

레베카와 알렉산드라는 좋은 친구 사이다. 어느 날 밤 레베카는 전화를

받는다.

알렉산드라: 나 지금 기분이 완전 엉망이야. 라스하고 크게 싸웠는데

	라스가 그냥 나가버렸어! 정말 끔찍해. 나는 절대 이렇게 끝내고 싶지 않아. 근데 라스는 집에서 완전히 나가겠대.
레베카:	걔 정말 웃긴다. 그냥 헤어져.
알렉산드라:	자꾸 눈물이 나. 여태까지 나 혼자서 결혼까지 생각했나 봐. 난 그 사람 아니면 내 인생에 결혼은 없을 거야.
레베카:	알렉산드라, 제발 침착해. 넌 앞으로 얼마든지 많은 남자들을 만날 수 있어. 착하고 성실한 남자들은 세상에 널렸다고.
알렉산드라:	하지만 그냥 이렇게 포기해버릴 수는 없잖아! 나는 우리 문제를 해결하고 싶어. 커플 상담이라도 받아볼까?
레베카:	영원한 건 없어. 더 좋은 남자가 나타날 거야. 내 말을 믿어. 안 그래도 둘이서 최근에 싸움이 부쩍 잦았잖아.
알렉산드라:	넌 어떻게 그렇게 아무렇지 않게 말할 수가 있어…….
레베카:	나는 단지 현실적으로 말해주는 거야.
알렉산드라:	넌 진짜 도움이 안 돼.
레베카:	객관적으로 말해주는 게 너한테 가장 도움이 돼.

알렉산드라는 전화를 끊어버린다.

이 대화에서는 두 개의 가치관이 충돌한다. 알렉산드라는
아무리 어려움을 겪고 있다고 해도 어떻게든 화해를 해서 관

계를 유지하는 것을 최고의 가치로 여긴다. 특히 헤어진 후에 혼자 남는 것을 가장 두려워한다. 하지만 레베카는 관계가 삐 걱거리면 속전속결로 관계를 끝내버려야 한다는 입장이다. 문제는 알렉산드라가 '나'에 대한 메시지를 전달하는데 레베 카는 듣지도 않고 자신의 가치관을 알렉산드라에게 자꾸만 이야기한다는 것이다. 알렉산드라는 이를 자신에 대한 무관 심으로 받아들이고 서운해한다. 공감적인 반응을 했다면 레 베카는 자신의 생각을 기준으로 이야기하지 않고 알렉산드라 가 중요하게 생각하는 가치를 인정해줬을 것이다.

GOOD CASE ✓

#싸웠다고? 진짜 기분 엉망이겠구나

알렉산드라: 나 지금 기분이 완전 엉망이야. 라스하고 크게 싸웠는데 라스가 그냥 나가버렸어! 정말 끔찍해. 나는 절대 이렇게 끝내고 싶지 않아. 근데 라스는 집에서 완전히 나가겠대.

레베카: 둘이 싸웠다고? 게다가 라스가 그냥 나가버렸다고? 진짜 기분 엉망이겠구나. 너는 이대로 끝내고 싶지 않잖아.

알렉산드라: 맞아. 내가 어떻게 하면 좋을까? 어떻게 해야 라스가

돌아올까? 그냥 포기해버릴 수는 없어!

레베카: 포기할 필요는 없어. 하지만 네가 우선 한숨 돌렸으면 좋
겠어. 그러면 내일 차분히 라스와의 관계가 너한테 어떤
의미가 있는지 생각해볼 수 있을 거야. 그리고 어떻게 라
스의 마음을 돌릴지도 말이야.

알렉산드라: 라스가 꼭 돌아오게 만들고 싶어! 라스하고 얘기를 하고
싶어!

레베카: 그래. 대화를 해보는 게 좋을 거야.

알렉산드라: 고마워. 너랑 얘기하고 나니까 기분이 한결 나아졌어.

이 대화에서 레베카는 알렉산드라의 가치를 미러링한다. 레베카는 친구가 연인과 크게 다툰 후에도 관계를 유지하고 싶어 하는 마음을 존중해준다. 레베카는 이 상황에서 자신의 가치관을 주장하는 것은 무의미하다는 것을 이해했다. 어차피 알렉산드라에게 지금 당장 새로운 가치관을 주입할 수는 없다. 가치관은 자신의 경험을 바탕으로 개인적으로 새롭게 구축하는 것이지 누군가 억지로 주입할 수 없기 때문이다.

설득하지 말고
스스로 움직이게 만들어라

동기부여는 본질적으로 가치관을 바탕으로 이루어진다. 어떤 사람이 가장 중요하게 생각하는 가치가 '재미'라면 더 이상 재미를 느끼지 못하는 일에는 소홀해질 것이다. 만약 가장 중요하게 생각하는 가치가 '성공'이라면 자신의 커리어가 정체된다는 느낌을 받는 순간 일을 그만둘 것이다. 대화를 할 때 상대방이 하는 말에 어떤 가치관이 담겨 있는지 생각해보자. 그런 다음에 상대방이 추구하는 가치에 맞춰 대화함으로써 상대방을 미러링한다.

- 상대방의 말을 경청하고 상대방의 가치관이 드러나는 말에 주의를 기울이자.
- 상대방의 생각을 반복하여 언급하며 상대방에게 당신이 상대방의 가치관을 인지하고 있다는 것을 보여준다.
- 대화 상대를 설득하기 위해 이제 상대방의 가치관을 공략한다. "너는 ○○하니까 진짜 좋겠다", "당신이 원하는 ○○을 얻게 될 겁니다", "이렇게 해서 당신이 얻을 수 있는 것은 ○○입니다" 등 상대방이 얻고 싶어 하는 가치를 강조한다.
- 상대방의 반응을 관찰하며 앞으로의 대화를 위해서 이번 대화에서 좋았던 점들을 기록한다.

아무도 자신이 중요하게 생각하지 않는 가치에 설득당하지 않는다는 것을 기억하자. 상대방의 가치관을 파악하지 못하면 당신이 아무리 좋은 말로 설득하려고 해도 그 사람의 마음을 움직일 수 없다.

자녀의 식습관을 바꿔야 할 때

#넌 살을 좀 빼야 해!

빅토리아의 여덟 살 딸 멜리는 비만이다. 달콤한 간식과 패스트푸드를 너무 좋아하고 몸을 움직이는 활동을 별로 좋아하지 않는다. 빅토리아는 멜리의 건강이 걱정되어 나쁜 습관들을 고쳐주고 싶다.

멜리:　　 엄마, 아이스크림 먹어도 돼요?

빅토리아: 절대 안 돼. 설탕이 너무 많이 들었어.

멜리:　　 제발요, 하나만 먹을게요. 내 친구들은 맨날 아이스크림 먹는단 말이에요.

빅토리아: 너무 살쪄. 넌 살을 좀 빼야 해.

멜리:　　 엄마는 진짜 나빠요. 뭐든지 못 하게 하고!

빅토리아: 설탕은 몸에 진짜 안 좋아. 한두 달 후에 살이 좀 빠지고 나면 몸이 한결 가벼울 거야. 내 말을 믿어.

멜리:　　 하지만 나는 지금 아이스크림이 먹고 싶단 말이에요.

빅토리아: 멜리, 제발 네 몸무게 생각 좀 해!

엄마와 딸 사이에 일어나고 있는 갈등은 대립의 전통적인 도식을 따른다. 지금 둘 사이에는 빅토리아가 중요하게 생각하는 가치(건강, 체중 감량)와 멜리가 중요하게 생각하는 가치(맛있는 것 먹기)가 대립한다. 게다가 빅토리아는 현재의 욕구를 포기하면 미래에 이득을 얻을 수 있다는 입장이고, 멜리는 현재만 생각하면서 즐기고 싶어 한다. 가치관과 사고방식 모두 대립하는 것이다.

이때 빅토리아는 멜리가 중요하게 생각하는 가치들을 미러링해야 한다. 멜리가 중요하게 생각하는 가치는 바로 맛있는 것 먹기, 즐거움 그리고 친구들이다.

GOOD CASE ✓

#달콤한 게 먹고 싶다면 과일 샐러드는 어때?

멜리:　　　엄마, 아이스크림 먹어도 돼요?

빅토리아:　달콤한 것이 먹고 싶구나. 그럼 과일 샐러드를 만들어 먹자. 과일 샐러드도 맛있을 거야.

멜리:　　　하지만 아이스크림만큼 맛있지는 않아요.

빅토리아:　그래도 샐러드 만드는 게 더 재밌잖아. 그리고 어제 네가 좋아

하는 사과를 샀는데 정말 맛있을 것 같더라.

멜리:　　좋아요. 하지만 다 먹고 나서 아이스크림 먹어도 되죠?

빅토리아:　너 저번에 엘리처럼 레깅스 입고 싶다고 했잖아. 아이스크림 대신 과일 먹으면서 살을 조금만 더 빼면 너도 친구들처럼 레깅스 입을 수 있어.

멜리:　　그럴까요?

빅토리아:　물론이지. 네가 사과를 잘라. 네모 모양으로 썰래? 아니면 얇게 썰래?

멜리:　　네모 모양이요! 샐러드에 바나나도 넣어도 돼요?

빅토리아:　당연하지.

　이 대화에서 빅토리아는 딸이 중요하게 생각하는 가치를 고려한다. 무조건 먹지 말라고 하는 것이 아니라 다른 것도 맛있다고 강조하면서 지금 현재 누릴 수 있는 즐거움을 약속한다. 그리고 아이스크림은 건강에 좋지 않다고 말하는 대신 살을 빼면 친구들처럼 레깅스를 입을 수 있다고 말한다. 자신이 중시하는 가치는 뒤에 두고 멜리가 중시하는 가치를 강조해 설득하는 것이다.

| CHAPTER 7 |

"사고의 흐름을 알면
대화가 쉽게 풀린다"

쓸데없는 갈등을 방지하는 사고 필터 미러링

사고 필터에 따라
대화 전략도 달라진다

어떤 사람의 성격을 구성하는 요소에는 가치관과 사고방식 외에 그 사람의 관심을 조정하는 내면의 프로그램이 있다. 바로 메타 프로그램이다. 이 프로그램은 우리가 무의식적으로 중요하게 여기는 것들을 따로 걸러낸다. 만약 다른 사람들의 프로그램이 어떤 필터를 가지고 있는지 알게 되면 자신의 행동을 이해하고 다른 사람의 행동을 존중하며 미러링하는 것이 가능해진다. 상대방에게 전달하려는 정보를 상대방의 필터에서 통과할 수 있게 '포장'할 수 있기 때문이다.

그렇다. 포장이 중요하다. 어떤 사람은 빨간 리본을 좋아하고 또 어떤 사람은 체크무늬 포장지를 좋아한다. 의사소통을 할 때 메타 프로그램을 고려하면 상대방이 정보를 쉽게 처리할 수 있고 공동의 목표에도 더 빠르고 쉽게 도달할 수 있다.

●········· 상대방의 시스템을 파고드는 설득 기술

메타 프로그램은 우리의 무의식 깊은 곳에 감춰져 있으며, 내면의 상태나 스트레스 여부에 따라서도 다르게 작동한다. 가장 간단한 예로 물이 절반 정도 차 있는 유리잔을 보며 사람들은 "물이 반이나 있네" 또는 "물이 반밖에 없네"라고 반응한다. 즉, 객관적인 사실을 보더라도 내면 상태에 따라 다른 정보로 판단할 수 있다.

우리는 흔히 세세한 것에만 집중하느라 전체적인 것을 보지 못하는 사람에게 "나무만 보고 숲을 보지 못한다"라고 말한다. 그와 반대로 숲만 보는 사람은 나무가 어떻게 생겼는지 묘사할 수 없다. 이런 사람은 세세한 것에 가치를 두지 않기 때문에 나무에 대해 얘기하는 것은 무의미할 것이다.

문제 지향적 태도를 가진 사람은 새로운 프로젝트를 진행할 때 어려운 점들을 알고 싶어 하고, 목표 지향적 태도를 가진 사람은 목표에만 관심이 있을 뿐이다. 우리가 만약 상대방의 메타 프로그램을 알고 있으면 우리가 어떤 정보를 가장 먼저 제시할지 의식적으로 선택할 수 있다. 가장 중요한 메타 프로그램들을 모아 정리했으니 하나씩 살펴보자.

• 크기 필터

이 필터는 정보의 규모에 관한 것이다. 하나의 주제에 관해 어떤 사람은 정확하고 세부적으로 말하는데, 다른 사람은 총체적인 이야기를 하고 있다면 소통이 어려울 수밖에 없다. 총체적 분류자는 세밀한 분류자가 지나치게 세세한 부분들을 언급하면 금방 지루해한다. "솔직히 말해 저는 그런 사소한 것에는 관심이 없습니다. 그래서 콘셉트가 뭡니까?" 세밀한 분류자는 상대방이 총체적인 이야기만 하면 자신에게 세세한 사항을 일부러 말해주지 않는다는 생각이 든다. "전체적으로 다 좋은 얘기인 건 알겠지만 혹시 일어날 수 있는 세부적인 사항들에 대해서도 생각해보셨습니까?" 사실 기업에서는 둘 다 필요한 사람들이다. 세밀한 분류자는 세부적인 단계를 잘 계획하고 총체적 분류자는 전반적인 전략을 만들어낼 수 있는 능력을 갖고 있기 때문이다.

- **방향 필터**

  이 필터는 초점에 관한 것이다. 하나의 제안에 관해 어떤 사람은 목표에 초점을 맞추고, 또 어떤 사람은 피해야 할 것에 초점을 맞춘다. 첫 번째 유형은 이 제안을 받아들일 때 어떤 이점이 있는지 살핀다. 이러한 유형은 보상을 중시하기 때문에 보상으로 동기부여를 해줄 수 있다. 두 번째 유형은 이 제안을 받아들일 때 어떤 부정적인 상황을 극복하고 피할 수 있는지가 중요하다. 이러한 유형은 불안의 지배를 받으며 언제나 부정적인 요인들을 차단하는 데 신경이 가 있다. 제품 광고에서 이러한 방향 필터를 주로 적용하는 것을 볼 수 있다. 린스 광고에서 내세우는 카피는 둘 중 하나다. "아름답고 윤기 나는 머리카락을 만들어드립니다"처럼 '보상'을 강조하거나 "머리카락이 엉키고 끝이 갈라지는 것을 말끔하게 해결해드립니다"처럼 '문제 해결'을 강조한다.

- **매칭 필터**

  이 필터는 조화에 관한 것이다. 이 필터에 따라 조화를 중시하고 모든 것이 '잘 맞아야' 안정감을 느끼는 매처(matcher) 유형과 조화보다는 차이점을 인지하고 비판적인 태도를 취하는 디스매처(dismatcher) 유형으로 나뉜다. 매처는 새로운 것을 접할 때마다 이미 알고 있는 것과 익숙한 것부터 찾고 필터링한 다음 새로운 요소들은 삭제해버린다. 이들은 원래 있던 그대로 남아 있는 것을 가장 좋아한다. 그 반면에 디스매처는 가장 먼저 차이점을 인지하고 비판적인 태도를 취하는 경향이 있다. 이들이 가장 많이 하는 전형적인 말은 "그렇지만……"으로 시작한다. 이들은 주로 회의적이고 항상 투덜거리지만 문제의식이 아주 높고 집중력이 좋다.

• 시간 지향 필터

시간 지향 필터는 아주 다양하다. 첫 번째 유형으로 과거 지향적인 사람들은 예전의 경험을 적용해야 비로소 새로운 것을 받아들일 수 있다. 그래야만 안정감을 느끼고 이에 따라서 필요한 정보와 필요하지 않은 정보를 분류할 수 있다. "우리는 항상 이렇게 해왔기 때문에 앞으로도 이런 익숙한 방식으로 계속한다." 두 번째 유형으로 현재 지향적인 사람들은 과거나 미래에는 전혀 관심이 없고 오직 현재에 산다. "이것을 하면 나는 어떤 기분이 들까? 이것은 지금 이 순간 나의 삶의 질에 어떤 영향을 미칠까?" 세 번째 유형으로 미래 지향적 사람들은 미래를 바라보고 결정하고 행동한다. 이들은 새로운 아이디어를 생각하고 트렌드를 만드는 것을 좋아하고, 모험을 즐기며 더 나은 미래를 위해서 기꺼이 현재를 포기한다. "나는 지금부터 일 년 동안 휴일 없이 프로젝트를 계속 진행해서 내년에 좋은 결과물을 낼 거야."

이 밖에도 중요한 필터들이 있다. 사람들의 메타 프로그램을 잘 고려하면 각각의 특수한 필터에 따라서 일에서 좋은 성과를 거둘 수 있다. 지금부터 우리는 앞서 소개한 필터들 중 가장 흔하게 볼 수 있는 네 가지 필터에 집중해 살펴보려고 한다. 다음에 등장하는 사례들을 살펴보면 대화 상대의 메타 프로그램도 알아차릴 수 있을 것이다.

크기 필터 알아차리기

세부적으로 설명할 것인가 아니면 전체적인 덩어리를 강조할 것인가? 대화할 때 상대방이 무엇에 중점을 두는지 파악한다면 쉽게 결정할 수 있을 것이다. 예를 들어, 연인 혹은 친구와 분위기 좋은 레스토랑에 갔을 때를 대화 주제로 꺼내보자.

#연습해보기

- 상대방에게 예전에 갔던 레스토랑에서 어떤 점이 마음에 들었는지 물어보자.
- 상대방이 어떻게 대답하는지 주의를 기울이자.

- 좋은 분위기를 강조하는가? 그곳에 있으면 기분이 편안하다고 하는 가? 그렇다면 상대방은 총체적 분류자이다.
- 재료의 신선도나 테이블 장식 등에 대해서 아주 상세하게 얘기하는 가? 그렇다면 상대방은 상세 분류자이다.
- 새로운 주제에 대해 얘기하면서 상대방의 반응에 따라 상대방을 미러링하자.

대화를 마친 후에 대화 내용을 다시 머릿속으로 떠올려보자. 상대방은 당신에게 인정을 받았다고 느꼈는가? 대화는 잘 진행되었는가? 상대방이 어떤 필터를 선호하는지 메모해보자. 그러면 다음에 그 사람을 설득해야 할 일이 있을 때 당신이 어떤 프로그램을 선택해야 하는지 알 수 있을 것이다.

●········ 여행지를 정하는데 상대방과 의견이 맞지 않을 때

BAD CASE ✕

#그런 여행은 준비를 철저하게 해야 해

마리아와 라이너는 조만간 여행을 떠날 계획이다. 아침 식사를 하면서 대화가 시작된다.

마리아: 있잖아, 나 진짜 멋진 생각이 떠올랐어. 네팔에서 트레킹을 하는 거야!

라이너: (어리둥절한 표정으로 쳐다보며) 네팔이라고? 언제? 항공권을 구하기도 힘들고 틀림없이 아주 비쌀 거야. 그리고 네팔 기온이 어떤지는 알아?

마리아: 몰라. 아무튼 네팔은 아주 멋진 곳이야! 높은 산, 환상적인 풍경, 맑은 공기!

라이너: 자기는 너무 순진해. 그런 여행은 준비를 철저하게 해야 해. 온갖 장비도 필요하고 제대로 된 트레킹화도 필요해. 그리고 온갖 예방접종도 해야 하고!

마리아: 그래도 정말 대단한 모험이 될 거야!

라이너: 트레킹 코스도 완벽하게 파악해서 하루에 얼마나 걸을지

정하고 지점마다 숙박할 수 있는 곳은 있는지 철저하게 확인

해야 해.

마리아: 맙소사, 당신은 진짜 소심한 것 같아. 가면 어떻게든 되겠지.

라이너: 일단 비자도 필요하고 예방접종 확인서도 있어야 하고 또 출

입국 규정을 다 확인하려면 준비하는 데 최소한 6개월은 걸

릴 거야.

마리아: 제발 그만해! 당신 때문에 흥이 다 깨졌어!

라이너와 마리아의 생각이 충돌한다. 마리아는 네팔에서 트레킹을 한다는 포괄적인 생각에 열광한다. 라이너의 시선은 세부적인 요소로 향하고 문제의식을 드러낸다. 라이너는 문제점을 전면에 부각시키고 마리아는 전체적인 큰 틀만 본다. 한 사람이 다른 사람의 필터를 미러링하고 상대방의 구미에 맞게 적절하게 정보를 제공한다면 문제를 해결할 수 있고 생각을 맞춰갈 수도 있다.

#이미 내가 전부 다 자세하게 알아봤어

마리아: 있잖아, 나 진짜 멋진 생각이 떠올랐어. 네팔에서 트레킹을 하는 거야!

라이너: 네팔이라고? 언제? 항공권을 구하기도 힘들고 틀림없이 아주 비쌀 거야. 그리고 네팔 기온이 어떤지는 알아?

마리아: 내가 전부 다 자세하게 알아봤어. 9월에 가면 항공권도 저렴하고 기온도 적당해. 산악지대도 기온이 20도 정도야.

라이너: 그렇군. 장비도 구해야 하잖아. 산에 가려면 제대로 된 트레킹화도 있어야 하고 온갖 예방 접종도 해야 할 거야!

마리아: 걱정할 필요 없어. 내가 알아보니까 예방 접종은 보건소에서 쉽게 맞을 수 있대. 그리고 트레킹화는 마침 근처에 있는 아웃도어 매장에서 세일 중이야. 그리고 인솔자가 있는 트레킹 프로그램도 알아봤어. 하루에 걸어야 할 길이 정해져 있고 숙소도 다 그에 맞게 정해준대.

라이너: 오, 그래? 토요일에 같이 여행사 가서 자세히 알아볼까?

마리아: 좋아! 벌써 너무 설레!

마리아는 처음부터 라이너의 메타 프로그램을 미러링함으로써 발생할 수 있는 갈등들을 피한다. 마리아는 라이너가 세부적인 사항들을 지나칠 정도로 중시한다는 점을 알고 여행과 관련된 세부적인 질문들에 대해 미리 준비했다. 그렇게 함으로써 처음부터 문제부터 지적하며 회의적으로 반응하는 그를 설득할 수 있었다. 마리아는 두 사람 모두 이득을 취할 수 있는 방향으로 행동했다.

전략 2
방향 필터 알아차리기

누군가에게 어떤 생각을 전달하거나 어떤 제안을 해야 한다면 상대방의 방향 필터를 먼저 알아보자. 예를 들어, 어떤 직원에게 사무실에서 쓸 에스프레소 기계를 돈을 모아 같이 구입하자고 설득하려고 한다면 다음과 같이 연습해볼 수 있다.

#연습해보기

- 우선 중립적인 주제로 대화를 시작한다. "요새 어떤 자동차가 눈에 들어와요? 지금 타고 다니는 차보다 어떤 점이 좋아요?"
- 상대방이 어떻게 반응하는지 유심히 지켜보자. 상대방이 현재 타고

다니는 자동차의 단점들을 나열하는가? 아니면 장점들에 대해 얘기
하는가?

- 어떻게 대답하느냐에 따라서 상대방의 메타 프로그램을 식별한다.
- 만약 장점을 나열하는 유형이라면 당신은 이렇게 말할 수 있다. "이 기계가 에스프레소를 정말 맛있게 내린대요. 일하다가 축 처질 때 이 기계로 내린 에스프레소를 마시면 다시 기운이 날 겁니다."
- 만약 단점을 나열하는 유형이라면 다음과 같이 얘기할 수 있다. "더 이상 커피를 귀찮게 여과지에 걸러서 마실 필요가 없어요! 그리고 에스프레소를 마시고 싶을 때마다 카페까지 갈 필요도 없고요."

메타 프로그램을 미러링하면 대화 상대에게 도달하는 것이 훨씬 쉬워진다. 상대방의 필터에 맞춰서 생각하고 그에 맞게 정보를 분류하는 것이 수고로울지라도 충분히 그럴 만한 가치가 있다.

직원에게 새로운 직책을 제안할 때

BAD CASE ✕

#자네에게 더 많은 권한이 주어질 거야

사장은 샘에게 새로운 직책을 맡기고자 따로 불렀다. 사장은 샘이 들어오자마자 소식을 전했다. "부서 전체를 맡아줄 사람으로 내가 자네를 선택했네!" 그런데 샘은 이맛살을 찌푸리더니 숨을 가쁘게 몰아쉰다. 사장은 영문을 몰라 어리둥절하다. "자네한테 더 많은 권한이 주어질 것이고 연봉도 올려주고 단독 사무실과 업무용 차량까지 지원하겠네. 솔깃하지 않은가?" 그런데 샘에게는 전혀 솔깃하지 않다. 샘은 숨을 깊이 들이마신다. "저에게 그런 제안을 해주셔서 정말 영광이지만 승진을 하게 되면 여러 가지 문제가 생길 것 같습니다. 특히 스트레스가 더 많아지겠죠. 그리고 제가 그렇게 많은 책임을 져야 한다면 마음대로 자리를 비울 수 없기 때문에 여행을 계획하는 것도 어려워질 것 같습니다. 그리고 동료들과 사이도 멀어질 것 같고요." 사장의 얼굴에는 완전히 당황한 표정이 역력하다. 이렇게 좋은 기회를 어떻게 그렇게 받아들일 수 있는지 도무지 이해할 수 없다. 사장은 어이가 없어 대화를 끝낸다.

사장은 아마도 직원들에 대해 잘 모르고 있는 것이 분명하다. 사장이 샘과 가벼운 대화라도 해봤다면 샘이 정보들을 어떻게 받아들이는지 파악했을 것이다. 샘은 어떤 제안을 받을 때 보상을 생각하는 사람이 아니라 문제점을 먼저 생각하는 사람이다. 하지만 사장은 부서장이 되면 어떤 보상을 얻을 수 있는지만 설명한다. 하지만 샘에게는 어떤 보상도 장점으로 들리지 않는다. 그렇기 때문에 사장이 나열한 혜택들은 샘의 마음을 사로잡지 못한다. 그러나 사장은 샘이 부서를 책임질 수 있는 능력이 충분하다는 것을 알고 있으며, 샘이 부서장을 맡아주면 좋겠다고 생각한다.

GOOD CASE ✓

#부서장이 되면 많은 문제가 해결될 거야

사장은 오래전부터 샘을 승진시키려고 눈여겨보고 있었고 그래서 샘에 대해서 자세히 연구했다. 그래서 사장은 모든 준비를 마치고 이렇게 말을 꺼낸다. "자네를 승진시킬 예정이네. 부서 전체를 자네에게 맡길 생각이야. 승진을 하게 되면 당연히 여러 가지 이점들이 있어." 샘은 눈썹을 치켜올린다. "어떤 이점들이 있을까요?" "몇 가지 문제들이 저절로 해결될 거야. 오래전부터 자네와 사이가 좋지 않던 마이어와 떨어져 지낼 수 있게 되지. 하루 종일 전화벨이 울리고 시끄러워서 집중이 안 되던 큰 사무실을 함께 사용하지 않아도 돼. 그리고 더 이상 상부의 결정에 대해서 불만을 토로할 필요도 없어. 앞으로는 자네가 중요한 결정들을 내리게 될 테니까. 그러면 자네가 느끼는 스트레스도 현저히 줄겠지. 또 승진을 하면 비바람이 불 때 힘들게 주차장 자리를 찾아다닐 필요 없어. 업무용 차량들은 출입구 바로 앞에 전용 주차 구역을 사용할 수 있으니까." 샘은 아무 말 없이 고개를 끄덕인다. "네. 제가 한번 맡아서 해보는 것이 좋을 것 같습니다."

이 대화 속에서 샘의 사장은 샘의 필터에 맞게 정보를 어떻게 전달해야 좋은지 정확히 알고 있다. 그래서 사장은 샘을 설득시킬 수 있도록 이점들을 포장해 말한다. 새로운 직책을 맡았을 때 얻게 되는 권한을 있는 그대로 나열하기보다 샘이 겪고 있는 문제를 해결해주는 권한이라는 점을 강조하는 것이다.

매칭 필터 알아차리기

당신은 비판적인 편이고 문제를 제기하는 것을 좋아하는지 아니면 모든 것이 조화롭고 함께하는 것을 좋아하는지 생각해본 적이 있는가? 다음에 기회가 있을 때 주변 사람들과 대화하며 상대방은 어떤 유형인지 알아보자.

#연습해보기

- 당신이 요즘 새롭게 시작한 것에 대해 이야기해보자. 예를 들어, 채식 위주의 식사를 시작했다고 얘기한다.
- 대화 상대가 어떻게 반응하는지 유심히 지켜보자.

- 상대방이 이의를 제기하는가? "채식만 하면 영양소가 결핍될 위험이 있어."
- 아니면 상대방이 의견을 매칭하는 신호를 보내는가? "오, 정말? 나도 채식에 관심 많아."
- 나중에 상대방과 대화할 때 이 메타 프로그램을 미러링한다.

메타 프로그램을 공감적으로 미러링하는 것은 다른 사람의 관심을 불러일으킬 때에도 유용하다. 당신은 디스매처에게 이렇게 말할 수 있다. "좋은 생각이 있어. 하지만 발생할 수 있는 몇 가지 문제들이 있어." 그리고 매처에게는 장점과 공통점을 이야기한다. "네가 좋아할 만한 생각이 있어. 네가 늘 말하는 생각에 딱 들어맞거든." 메타 프로그램을 염두에 두고 있으면 소통이 훨씬 편안하고 유익한 방향으로 진행된다.

상대방의 말꼬리를 잡는 습관이 있다면

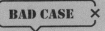

BAD CASE ✕

#왜 항상 말끝마다 토를 다는 거야?

코린나는 사촌인 아그네스와 함께 산책하기 위해 아름다운 꽃밭이 있는 공원에서 만났다.

코린나: 날씨 정말 좋다! 올해 여름은 지난해 여름만큼이나 환상적이야. 그때도 우리 같이 여기 왔었잖아.

아그네스: 그렇지만 날씨가 너무 건조해. 식물들은 당장 비를 좀 맞아야 하는데.

코린나: 맞아, 날씨가 건조해서 식물들은 힘들겠지?

아그네스: 그래, 하지만 비가 안 오니까 모기들이 별로 안 보이네.

코린나: 모기가 없으면 좋기는 하지.

아그네스: 그래, 하지만 새들한테는 좋지 않아. 새들은 충분한 먹이가 있어야 하니까.

코린나: 너 좀 짜증 나! 왜 항상 말끝마다 토를 다는 거야? 그냥 편안하게 산책을 즐기면 안 될까?

이 대화는 제대로 삐걱거린다. 코린나는 매처(matcher)이다. 조화를 중시하고 모든 것이 잘 '맞아야' 편안함을 느낀다. 그래서 디스매처(dismatcher)인 아그네스와 잘 지내지 못한다. 아그네스는 조화는 안중에 없고 항상 차이점을 찾아서 주제로 삼는다. 코린나는 의견을 맞추는 걸 좋아하고 아그네스는 거의 필사적으로 조화를 회피하려고 한다. 그냥 있는 그대로 가만히 내버려두지 못한다. 계속 투덜거리며 코린나의 신경을 건드린다. 만약 아그네스가 이 관계를 유지하고 싶다면 자신의 필터를 잠시 차단하고 코린나의 매칭 필터를 미러링해야 한다.

GOOD CASE ✓

#나도 그래, 나도 마찬가지야

코린나: 날씨가 정말 좋다! 올해 여름은 지난해 여름만큼이나 환상적이야. 그때도 우리 같이 여기 왔었잖아.

아그네스: 맞아, 기억 나. 나는 여기서 산책하는 거 정말 좋아해. 아, 그리고 얼마 전부터 조깅을 시작했어.

코린나: 정말? 나도 요즘에 조깅이 몸에 왜 좋은지 알겠더라.

아그네스: 나도 그래. 아침에 조깅을 하면 하루가 훨씬 가뿐해!

코린나: 나도 마찬가지야. 아침에 조깅을 하면 에너지가 더 많이 솟아나는 것 같아. 우와, 장미 좀 봐. 정말 예쁘지 않니?

아그네스: 어머, 정말 예쁘다. 어쩜 색깔이 이렇지?

코린나: 예전에 우리 집 정원에도 저런 장미꽃이 있었는데.

아그네스: 나도 기억 나. 정말 예뻤는데.

아그네스는 사사건건 트집 잡는 것을 의식으로 피한다. 코린나와 좋은 관계를 유지하고 싶기 때문에 코린나의 조화 욕구에 맞춰주고 차이점이 아니라 공통점을 찾는다. 아그네스는 코린나와 대화를 하는 동안에도 머릿속에서는 '조깅을 하면 관절에 무리가 가는데'라고 생각하지만 그 말을 입 밖으로 꺼내지 않는다.

전략 4
시간 지향 필터 알아차리기

당신은 현재를 중요시하는가? 아니면 과거 또는 미래를 중요시하는가? 어떤 것을 중요시하느냐에 따라 설득의 방향 또한 달라진다. 상대방의 시간 필터를 파악하는 연습을 해보자. 중년 남성에게 명상 프로그램을 권하는 상황을 예를 들어 살펴보자.

#연습해보기

- 우선 일상적인 주제로 대화를 시작한다.
- 상대방이 과거, 현재, 미래 중에서 어떤 것을 중시하는지 주의를

기울인다.

- 이제 당신의 용건을 꺼낸다.
- 상대방이 중시하는 시간에 따라 어떻게 말할지 선택한다.
- 현재: "정말 몸이 편안해지고 즐거우실 겁니다. 맘껏 누리고 에너지를 충전할 수 있어요."
- 과거: "이 프로그램은 과거에 이미 수천 번도 넘게 검증이 됐어요. 건강을 연구하는 자료를 통해서도 입증이 되었고 이 프로그램에 열광하며 다시 찾아오는 사람들도 많아요."
- 미래: "긍정적인 효과를 오랫동안 느끼실 수 있습니다. 이 프로그램을 통해서 에너지를 충분히 얻으시고 나면 앞으로 스트레스 받을 일도 훨씬 줄어드실 겁니다.

일반적으로 젊은 사람들은 현재를 중시하는 경향이 있다. 중년에 접어든 사람들은 미래에 있을 결과에 집중하는 경향이 있고 노년기의 사람들은 과거에 입증된 것을 중요시한다. 물론 예외는 얼마든지 있다. 어쨌든 다른 사람들에게 공감하려고 노력하며 상대방이 어떤 유형에 속하는지 파악해보자.

●········· 현재가 가장 중요한 사람을 설득할 때

#네 미래에 투자하는 거라고 생각해

옌스는 열정적인 축구 트레이너이다. 그는 꾸준히 선수 양성에 힘쓰고 있다. 그는 최근에 안드레의 실력이 일취월장하고 있는 것을 유심히 지켜보고 있다. 옌스는 안드레에게 말을 건다.

옌스: 너한테 좋은 기회를 주고 싶어. 여름방학에 4주 동안 축구 캠프를 열 예정인데 참가하면 실력이 훨씬 더 좋아질 거야.

안드레: 4주라고요? 방학 동안에요?

옌스: 네 미래를 잘 생각해봐. 좋은 기술들을 익히고 다듬을 수 있기 때문에 너한테 많은 도움이 될 거야.

안드레: 방학에는 푹 쉬고 싶어요. 축구 캠프에 가면 방학이 완전히 끝나버리잖아요.

옌스: 네 미래에 투자하는 거라고 생각해.

안드레: 저는 제 실력이 지금도 충분히 괜찮다고 생각해요. 물론 실력을 더 키우면 좋겠지만 제 소중한 방학을 희생하면서까지 그러기는 싫어요!

엔스: 나도 어렸을 때 해봤는데 정말 단기간에 실력이 엄청 좋아진 다니까?

안드레: 안 갈래요. 저는 관심 없어요.

엔스는 안드레의 반응에 실망을 금치 못한다. 그는 트레이너로서 안드레의 실력 향상을 위해서 제안하는 것인데 안드레는 귓등으로도 듣지 않는다. 원인은 시간과 관련된 메타 프로그램의 차이에 있다. 안드레는 '현재'에 살고 있기 때문에 엔스가 '과거'에 어떤 경험을 했고 자신이 '미래'에 어떻게 될지에 대해서는 별로 관심이 없다. 그에게는 오직 '현재'만이 중요하다. 엔스가 이 점을 염두에 두고 대화하면 좋을 것이다.

#네 인생 최고의 방학이 될 거야

엔스: 너한테 좋은 기회를 주고 싶어. 여름방학에 4주 동안 축구캠프를 열 예정인데 참가하면 실력이 훨씬 더 좋아질 거야.

안드레: 4주라고요? 방학 동안에요?

엔스: 네 인생 최고의 방학이 될 거야. 10명이 함께 동해에 있는 멋진

축구장에서 신나게 축구하면서 노는 캠프거든. 낮에는 축구

하고 저녁에는 고기 구워 먹고! 당연히 수영할 시간도 있어.

안드레: 와, 진짜 재밌겠네요.

옌스: 친구들이랑 신나게 놀면서 축구 실력도 키울 수 있어. 당연히

참가해야지. 너도 축구 더 잘하고 싶잖아.

안드레: 맞아요.

옌스: 내가 캠프 시설 사진을 보여줄게. 미니 골프장도 있고 근처에

워터파크도 있어.

안드레: 엄마한테 말해볼게요! 진짜 좋아요.

이 대화에서 옌스는 안드레를 제대로 파악했다. 그는 '현재'를 지향하는 메타 프로그램을 미러링했다. 안드레에게는 지금 당장 얻을 수 있는 혜택이 중요하다. 만약 안드레가 미래 지향적이었다면 첫 번째 대화에서 성공을 거두었을 것이다. 만약 과거 지향적이었다면 이런 질문을 했을 것이다. "캠프 참가하고 나서 실력이 좋아진 선수들이 정말 많나요? 캠프를 마친 선수 중 몇 명이나 A팀에 들어갔는지 알려주실 수 있나요?" 시간 지향 필터를 잘 고려하는 사람이라면 자신이 원하는 바를 각 유형에 맞게 잘 설명할 수 있다.

| CHAPTER 8 |

"공감적 소통을 방해하는
5가지 상황"

의식적으로 대화 상황을 통제하는 법

의식적 소통과
무의식적 소통의 차이

드디어 당신은 공감적 미러링의 비밀에 깊숙이 들어왔다. 앞에서 소개한 여러 가지 사례와 연습을 통해 값진 대화 스킬을 익혔을 것이다. 이번 장에서는 공감적 소통을 삶의 구성 요소로 만들 수 있도록 당신의 의식에 각인되어 있는 가치관과 사고방식에 대해서 다루려고 한다.

꾸준히 사람들과 공감하며 소통하기 위해 우리에게 필요한 것은 무엇일까? 바로 자신을 깨닫는 능력이다. 이 능력은 원한다고 해서 얻을 수 있는 것은 아니다. 미러링하기, 관심을 기울여 소통하기, 좋은 관계 유지하기 등 결심은 누구나 할 수 있다. 하지만 자기 자신을 판단하고 깨닫는 과정을 건너뛴다면 좋은 결심들은 곧 흐지부지 끝나버리고 말 것이다.

우리 세미나에 참석하는 사람들로부터 이런 얘기를 자주 듣는다. "미러링이 뭔지 대충 이해했어요. 대화도 그럭저럭 예전보다 잘 진행되고 있는 것 같아요." 하지만 이들을 관찰해보면 대부분 자신들이 생각하는 것보다 소통 능력에 큰 변화가 없다. 자기 인식과 외부 인식 사이에는 이렇듯 큰 차이가 있다. 자신의 소통 능력을 조금 더 객관적으로 파악하고 싶다면 아래 단계 중 자신이 어디에 속하는지 살펴보도록 하자.

- **1단계: 무의식적 무능**

  사람들은 대부분 무의식적으로 소통한다. 매일 다양한 사람과 오랜 시간 대화를 하지만 깊이 생각하며 대화하는 사람은 많지 않다. 자신이 어떻게 행동하는지 의식하지 못할 뿐만 아니라 대화 상대를 관찰하지 않기 때문에 자신의 행동이 상대방에게 미치는 영향도 확인하지 못한다. 이러한 상태를 '무의식적 무능' 단계라고 할 수 있다.

  무의식적 무능 단계의 사람은 갈등의 원인을 상대방에게 전가하는 경향이 있다. 자기 자신은 아무런 문제가 없는데 상대방의 태도가 문제라든지, 상대방이 매번 자신의 기대를 저버리기 때문이라고 비난한다. 무의식적 무능 단계의 사람들은 흔히 "아이가 짜증 나게 해!", "김 대리는 느려터졌어!", "우리 아내는 너무 예민해!"라고 불평한다. 항상 주변 사람들이 문제라고 지적하며 자신의 소통 방식에 문제가 있다고 생각하지 않는다.

- ## 2단계: 의식적 무능

이 단계에 속한 사람들은 커뮤니케이션의 중요한 원칙들을 알고 있으며 공감적 미러링에 대해서도 어느 정도 알고 있다. 하지만 일상에서 적용하는 데 어려움을 느낀다. 이들은 미러링을 하지 않으면 발생하는 부정적인 결과를 알지만 공감적인 태도를 내면화하지는 못한다. 그러므로 이러한 상태를 '의식적 무능' 단계라고 할 수 있다.

의식적 무능 단계의 사람은 갈등이 있을 때 흔히 쉽게 체념한다. 이런 사람들은 자신의 소통 방식에 문제가 있다는 것을 알지만, 자신이 알고 있는 것을 실천할 힘이 모자라다고 생각한다. 문제를 해결하지 않고 포기해버리는 경우가 많다. 대화를 잘 이끌어내야 한다는 책임은 느끼고 있지만 실패할까 봐 두려워한다.

- **3단계: 의식적 유능**

  이 단계에 속한 사람들은 성공적인 커뮤니케이션 자세를 잘 알고 있을 뿐만 아니라 이를 자신의 성격의 일부로 만들었다. 공감적 미러링은 이들에게 '전략'이 아니라 삶의 자세이다. 따라서 대화를 할 때 특별한 기술을 이용한다고 생각하지 않는다. 아주 자연스럽게 공감 능력을 발휘하며 그 능력을 신뢰한다. 그리고 사람들과 좋은 관계를 만들어가는 것을 즐긴다. 이 단계에 이르기 위해서는 자신을 객관적으로 바라보는 능력이 발달되어야 한다.

  의식적 유능 단계의 사람은 다른 사람들에게 안정감을 주며 아주 편하게 대한다. 이런 사람들은 아주 쉽게 자신의 대화 상대를 같은 목표를 향해 가는 파트너로 받아들인다. 문제가 발생할 경우 자신은 소통 능력을 발휘해 문제를 해결할 수 있는 능력을 갖고 있다는 것을 알고 있다. 대화하기 어려운 상대에게도 마음을 열고 다가가는 것을 꺼리지 않는다.

여기까지 읽은 당신은 어떻게 하면 의식적 유능 단계에 도달할 수 있을지 궁금할 것이다. 의식적 유능 단계의 사람들이 어떤 사고방식과 태도를 지녔는지 조금 더 살펴보자.

●·········· '우리' 중심적 사람들의 대화 목적

의식적 유능 단계의 사람들이 생각하는 대화의 목적은 상대방과 나 모두에게 이득이 돌아가는 것이다. 자기중심적인 사람들이 생각하는 대화의 목적과 비교하면 다음과 같다.

- **자기중심적 사람**

  "내가 만족감을 느끼고 목적을 달성하기 위해서 나는 무엇을 해야 하는가?"

- **의식적 유능 단계의 사람**

  "상대방이 만족감을 느끼고 상대방과 내가 조화를 이루며 목적을 달성하기 위해서 나는 어떤 노력을 할 수 있을까?"

이들은 자신이 타인과 서로 연결되어 존재한다고 생각한다. 그렇기 때문에 상대방의 입장이 되어 생각하는 것이 어렵지 않다. 당장 직접적인 이득을 얻을 수 없어도 그럴 만한 가치가 있다는 확신이 있기 때문에 기꺼이 상대방의 내면을 읽고 이해하려 한다.

예를 들어 꽃집 점원에게 친절해야만 꽃을 살 수 있는 것은 아니다. 당신이 차가운 태도를 취하거나 휴대폰을 보면서 돈을 건네도 꽃은 얼마든지 살 수 있다. 하지만 만약 당신이 꽃을 살 때 점원을 미러링하면서 대화를 주고받는다면 당신은 긍정적인 심리 에너지를 만들어낼 수 있다. 그리고 이 에너지는 당신과 꽃집 점원, 우연히 꽃집에 있던 다른 손님들에게 함께 돌아간다.

자기중심적으로 생각하는 사람은 냉기를 만들어내고, '우리' 중심으로 생각하는 사람은 온기를 만들어낸다. 그리고 만들어진 냉기와 온기는 주변에 확산되어 연쇄 반응을 일으킨다. 사람들은 흔히 자기 자신을 주위 환경과 별개로 고립되어 존재한다고 생각한다. 시야를 넓힌다 해도 자신이 소통하고 있는 사람만 겨우 보일 뿐 전체를 보지 못한다. 다음 사례를 살펴보자.

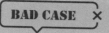

의식적 무능의 부정적 영향

#어머님이 불편해하는 게 왜 내 책임이야?

스벤야는 결혼한 지 5년째다. 남편 그리고 아이 둘과 함께 행복한 결혼 생활을 보내고 있다. 한 가지 문제가 있다면 바로 시어머니다. 시어머니는 스벤야의 생활을 사사건건 너무 많이 참견한다. 그래서 스벤야는 시어머니가 싫다. 아이들의 생일을 맞아 시어머니가 집에 들렀지만 스벤야는 시어머니를 퉁명스럽게 대한다. 그 모습을 보며 남편은 힘들어한다. 아이들도 엄마의 눈치를 보며 할머니에게 쉽게 다가가지 못한다. 남편이 스벤야에게 이런 고충을 토로하면 스벤야는 어깨를 으쓱하며 말한다. "어머님을 생일 파티에 초대했으면 그걸로 됐잖아. 어머님이 불편해하는 건 내 책임이 아니잖아. 그리고 어머님이랑 나만 서로 불편한 거지 다른 사람들은 어차피 상관없잖아."

스벤야는 시어머니와의 냉랭한 관계가 단지 두 사람만의 문제라고 생각한다. 그러나 사실은 전체적인 분위기를 해치기 때문에 다른 사람들에게도 나쁜 영향을 끼친다. 스벤야는 시어머니를 생일 파티에 초대한 것으로 자신은 할 만큼 했다고 생각하지만, 시어머니를 퉁명스럽게 대하면서 긴장감을 조성하고 가족 모두를 불편하게 만들었다. 스벤야는 무의식적으로 무능하게 행동한 것이다. 만약 의식적 소통 능력이 있었다면 시어머니를 미러링해서 결속감을 느끼게 해줬을 것이다.

스벤야와 시어머니의 사례를 통해서 또 한 가지 사실을 알 수 있다. 사람을 받아들일 땐 그 사람의 결점까지 받아들여야 한다는 것이다. 하지만 그러기는 쉽지 않다. 사람들은 대부분 자신의 주관적인 판단 기준이 객관적이라고 생각하며 다양한 사람들에게 똑같이 적용한다. 그러면서 자신의 생각과 다르게 생각하고, 느끼고, 행동하는 이유를 열심히 찾아내려고 애쓴다. 그러면서 성급하게 심리학적으로 해석하는 것을 좋아한다. 가령 배우자나 연인이 쌀쌀맞다고 느끼면 "당신은 분명히 냉정한 부모님 아래에서 자랐을 거야"라고 말한다. 제멋대로 판단해버리고 변화시키려고 한다. 이때 사람들은 많은 에너지를 잃는다. 우리는 다른 사람을 변화시킬 수 없다. 불쾌하게 만들 수 있을 뿐이다.

자꾸만 상대방을 가르치고 싶다면

누군가를 깎아내리고 가르치려고 하거나 심지어 조종하려고 하면 그 사람과 사이가 소원해질 수밖에 없다. 그런 관계에서는 누구도 유대감을 느낄 수 없다. 다른 사람을 있는 그대로 인정하지 않으면 자신과 대화 상대 사이에 보이지 않는 장벽을 쌓게 된다. 서로의 차이점에 초점이 고정되어 공통점을 보지 못한다. 이로 인해 스트레스를 받고 고통스러워한다.

불교에서는 사람, 사물, 사건을 변하지 않으며 그냥 존재하고 일어나는 것으로 본다. 이에 맞서는 것은 정신적으로 미성숙하다고 드러내는 것이다. 이런 태도를 체념과 혼동하면 안 된다. 불교신자도 목표를 가지고 있으며 어떻게 실현해야 하는지 알고 있다. 그들은 '무엇'에 대항해서가 아니라 '무엇'과 함께 실현하려고 한다. 즉, 다른 사람에 대항해서가 아니라 다른 사람과 함께 깨달은 마음으로 실현하려는 것이다.

●·········· 저 사람은 어떻게 저런 실수를 하지?

코칭 수업을 하다 보면 타인을 받아들이지 못해 문제를 겪는 사람들이 아주 많다. 예를 들어 어떤 회사의 IT부서 팀장은 인사부서 팀장과 수시로 부딪쳤다. 인사부서 팀장은 일 잘하는 사람은 메일부터 완벽하다고 생각하는 사람이다. 그 반면에 IT 팀장은 메일을 대수롭지 않게 생각해 맞춤법을 자주 틀리기도 했고, 제목을 쓰지도 않고 보내는 경우도 많았다. 인사부서 팀장은 이런 실수들을 받아들일 수 없었기 때문에 둘 사이에는 수시로 다툼이 벌어지곤 했다. 인사부서 팀장은 자주 소리쳤다. "저 사람은 어떻게 저런 실수를 할 수 있어?"

진정한 소통의 기술은 나와 다르다고 하여 장벽을 쌓는 대신에 차이점을 존중하고 받아들이는 분위기를 만들어내는 것이다. 그렇다고 인사부서 팀장이 똑같이 맞춤법 실수가 있는 메일을 보낼 필요는 없다. IT부서 팀장이 중요하게 생각하는 가치나 다른 메타 프로그램을 미러링하는 것만으로도 충분하다. 타인을 받아들이는 태도를 바탕으로 공감적 미러링이 가능하며 대화를 원하는 방향으로 컨트롤할 수 있다. 그러면 대화 상대도 미러링을 시작하게 된다. 이렇게 두 사람 모두 자신의 정체성을 포기하지 않고 서로에게 다가갈 수 있다.

● ········· **다를 뿐이지 틀린 것은 아니다**

몇 년 전에 독일 전역에 지사가 있는 대기업이 우리에게 도움을 청했다. 함부르크 지사와 뮌헨 지사에 있는 관리자 두 명의 사이가 완전히 틀어졌기 때문이다. 두 지사가 프로페셔널하게 협력해서 일을 하는 것이 불가능할 정도였다. 기업은 두 관리자의 개인적인 능력을 높이 평가해서 둘 다 해고시킬 생각은 없었다. 그래서 우리에게 도움을 청한 것이었다.

두 사람을 차례로 면담하고 나니 두 사람의 극명한 차이점을 금방 알아차릴 수 있었다. 함부르크 지사 관리자는 주로 경직된 자세를 취했고 머뭇거리며 말하는 편이었다. 또한 신중하게 말을 하기 위해 말과 말 사이에 텀을 길게 두었다. 그와 반대로 뮌헨 지사 관리자는 감정적이고 목소리가 컸으며 빠르게 말했다. 몸짓도 큰 편이었다. 그는 다짜고짜 함부르크 지사 관리자에 대한 불만을 토로하기도 했다. "아, 그 인간은 열정도 없고 제대로 하는 것도 없어요."

우리는 두 사람을 중립 지대인 프랑크푸르트로 불러서 함께 만나기로 했다. 그리고 우리는 대화하며 보란 듯이 두 사람을 미러링했다. 먼저 함부르크 지사 관리자처럼 느릿느릿하게 말하고, 말을 하다가 중간에 길게 쉬었고, 경직된 태도를 취했다. 그런 다음에 열정적이고 감정적으로 행동함으로써 뮌헨 지사 관리자를 미러링했다. 이들에게 거울을 들이댄 것이다. 그러자 두 사람은 웃기 시작했고 분위기는 부드러워졌다. 우리는 세미나를 통해서 두 사람이 서로에 대해 어떻게 생각하는지 솔직하게 털어놓으며 오해를 풀기 시작했다. 두 사람은 기질이 달랐을 뿐인데 상대방이 자신을 도발한다고 오해하고 있었다. 그리고 놀랍게도 두 사람이 지향하는 목표는 완전히 같았다. 단지 상대방을 수용하는 자세가 부족했을 뿐이었다. 그 이후로 두 사람의 협업은 물론 두 지사의 협업도 아무런 갈등 없이 진행됐다.

배우자나 연인 혹은 아주 친한 친구라도 당신의 눈에 모두 마음에 들 수 없다. 상대방의 단점을 고치기 위해 수시로 싸웠지만 변한 것이 있었던가? 고속도로에서 차가 막힐 때 거칠게 경적을 울리고 핸들을 내려친다고 해서 막힌 길이 뚫렸던가? 그렇게 해서 변하는 것은 아무것도 없다. 다만 많은 에너지를 소모하고 공격성을 만들어낼 뿐이다.

당신의 요구와 기대가 충족되지 않는다고 한탄하지 말자. 당신의 눈에 띄는 특징들이 처음에는 아무리 짜증 나고 마음에 들지 않는다고 해도 건설적인 자세로 대하자. 다음에 당신과 완전히 다른 사람을 만나게 될 때 조용히 마음속으로 나와 다른 특징들과 행동 방식들을 관찰한 다음 그 모습들을 의식적으로 받아들이며 미러링해보자. 상대방이 마음을 열고 변하기 시작하면 당신의 마음에도 평화가 찾아올 것이다.

선입견 때문에 남을 믿지 못한다면

소통의 목표는 서로를 신뢰하는 것이다. 상대방과 나 사이에 신뢰가 얼마나 쌓였느냐에 따라 대화를 할 때 안정감을 느낄 수도 있고 불안감을 느낄 수도 있다. 상대방을 신뢰하기 위해서는 모든 사람이 대화를 할 때 어떤 의도를 갖고 있으며, 그것이 반드시 나쁜 의도는 아니라는 사실을 알아야 한다. 누군가 우리를 해치려고 한다거나 의도적으로 나쁘게 대하려 한다는 오해 때문에 소통이 실패로 끝나는 경우가 많다. 사람들은 종종 선입견과 불신 때문에 왜곡된 눈으로 타인의 태도를 잘못 해석한다. 다음 세 가지 사례를 살펴보자.

- 남편이 아내에게 중요한 일이 생겨서 가족 모임에 늦게 참석한다고 말한다. 이 말을 들은 아내는 남편이 가족보다 일을 더 중요하게 여긴다고 생각한다.
- 직원은 사장에게 약속한 시간에 맞춰서 일을 끝내지 못했다고 말한다. 이 말을 들은 사장은 직원이 일을 열심히 하지 않는다는 결론을 내린다.
- 아이가 학교 숙제를 하기 싫다고 말한다. 그러자 어머니는 아이가 고집이 세고 반항적이라고 생각한다.

이 세 가지 사례에는 다양한 상황이 추가될 수 있다. 남편은 상사에게 압박을 받고 있어 마지못해 야근을 해야 하는 상황일 수도 있다. 직원은 상사들이 떠넘긴 일 때문에 자신이 맡은 일을 시간 내에 다 처리하지 못한 상황일 수도 있다. 아이는 숙제의 난이도가 너무 높아 시도하려는 마음이 들지 않는 것일 수도 있다. 하지만 많은 사람들의 머릿속에 이미 'A처럼 행동하면, B인 것이다'라는 개념이 구축되어 개별적인 상황은 눈에 들어오지 않는다. 하지만 신뢰가 바탕에 깔린 대화 상황을 만드는 데 성공하면 이런 갈등을 피할 수 있다.

불교에서 신뢰는 더러운 물을 정화하는 보석과 비교되곤 한다. 불교신자들은 신뢰가 마음속의 의구심을 없애준다고 생각한다. 상대방을 믿지 못하면 항상 실수만 눈에 띄고 좋은 점은 눈에 보이지 않는다. 또한 의심하는 마음에 갇혀 있으면 건설적인 소통을 할 수 없다.

●········· 의식적 소통 능력을 위한 4가지

의식적 소통 능력을 갖추기 위해서는 네 가지가 중요하다.

- 공감적 미러링을 통해 활발하게 교류하기.
- 있는 그대로 상대방을 받아들이기.
- 장기적으로 좋은 관계를 유지할 수 있도록 신뢰 구축하기.
- 공통의 기반에서 목표와 변화를 실현할 수 있도록 섬세하게 컨트롤하기.

당신이 어떤 사람에 대해 어떤 생각을 갖고 있든지 당신이 공감하는 태도를 취하고 신뢰를 만들면 그 사람이 당신이 생각했던 것만큼 악의가 있다거나 음모를 꾸미고 있지 않다는 것을 알게 될 것이다. 그냥 모든 사람들이 그렇듯이 결점과 장점을 가진 사람이라는 것을 알게 된다. 이런 관점은 당신에게 엄청난 도움이 된다. 당신도 알다시피 당신의 배우자나 연인 또는 친구들은 당신이 선택할 수 있지만 당신 주변에 있는 대부분의 사람들은 선택할 수 없다. 따라서 당신이 먼저 공감하는 태도로 다가가서 활발하고 협력적인 교류를 시작해보자. 신뢰가 형성되면 상대방을 자연스럽게 존중하게 되고 상대방도 존중으로 응답한다.

●········ 사실을 밝혀내는 대화를 시작하라

공감적 미러링을 통해 우리는 타인을 부정적인 상태에서 자신이 원하는 상태로 이끌어갈 수 있다. 앞에서 언급한 사례를 다시 살펴보자. 남편이 가족 모임에 늦게 나타났을 때, 아내는 신경질적인 반응을 보였다. 남편이 상황을 아무리 설명하려 해도 아내는 남편이 가족 일을 등한시한다고 비난한다. 아내는 남편이 받은 스트레스를 미러링할 생각이 없다. 아내가 목소리를 높이면 남편은 아마도 반격하며 받아칠 것이다.

만약 아내가 남편의 내면과 외면 상태를 미러링했다면 어떨까? 둘 사이에 신뢰가 형성되어 남편이 허심탄회하게 상황을 설명할 수 있었을 것이다. 어쩌면 남편이 가족 일에 별로 관심이 없다는 아내의 의심이 사실로 드러날 수도 있다. 그렇다고 해도 이것 역시 좋은 대화의 출발점이다. 아내는 남편에게 가족 일에 무심한 이유를 직접 물어볼 수 있기 때문이다. 부부 사이에 유대감과 신뢰가 충분히 형성되었다면 이처럼 진솔한 대화를 이어나갈 수 있다.

공감하는 태도는 신뢰를 만들고, 신뢰를 바탕으로 상대방은 자신의 속마음을 밝힐 수 있다. 그러나 안타깝게도 우리는 진정한 소통을 방해하는 온갖 부정적인 추측들만 앞세운다. 상대방의 생각을 추측하며 불신과 오해를 키우는 것이 우리에게 가장 치명적이다.

●········· 엘리베이터 안에서 상사를 만났을 때

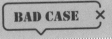

#침묵과 긴장감이 맴도는 엘리베이터

게지네는 지금 굉장히 불편하다. 상사와 함께 엘리베이터를 타고 있기 때문이다. 게지네는 경직된 채로 서 있다. 상사는 엄격한 사람이자 칭찬에 인색한 사람으로 유명하다. 상사는 그의 업무 능력에 만족하고 있을까? 아니면 그를 진즉에 블랙리스트에 올려둔 건 아닐까?

상사는 허리를 꼿꼿이 세우고 서서 게지네의 얼굴을 빤히 쳐다본다. 게지네는 상사의 시선을 피하면서 엘리베이터가 중간에 멈추지 않기만을 기도한다. 게지네는 어깨에 잔뜩 힘이 들어간 채 엘리베이터 벽에 기댄다. 그때 상사가 크고 경쾌한 목소리로 "요즘 어떻게 지내요?"라고 묻자 게지네는 기어들어가는 목소리와 긴장된 표정으로 대답한다. "저요? 그럭저럭 지내고 있습니다." 게지네의 표정을 본 상사는 이맛살을 찌푸린다. 긴장감이 도는 침묵이 흐른다. 엘리베이터가 1층에 도착하자 게지네는 "안녕히 가세요"라고 중얼거리며 황급히 내리고 상사는 미심쩍은 표정으로 게네지의 뒷모습을 바라본다.

많은 사람들이 상사와 일대일로 소통하는 데 어려움을 느낀다. 자신보다 계급이 높은 사람을 어떻게 대해야 할지 몰라서 마치 시험을 보고 있는 것처럼 얼어 있다. 이 사례에서 게지네의 태도는 아주 전형적인 무의식적 무능을 보여준다. 게지네는 상사가 자신을 나쁘게 평가하고 있을지 모른다고 생각하기 때문에 신뢰를 바탕으로 한 소통을 하지 못한다. 공감적인 소통을 위한 모든 특징들이 결여되어 있다.

- 상사를 의식적으로 인지하지 않는다.
- 상사를 미러링하지 않는다.
- 곧바로 신뢰를 형성하지 않는다.
- 상황을 컨트롤하지 않는다.
- 소통에 실패했고 여전히 상사가 자신을 어떻게 생각하는지 알지 못하기 때문에 피드백을 받지 못한다.

만약 실제로 상사가 게지네의 업무 능력을 좋지 않게 평가하고 있었다면 이번 일 때문에 상사에게 더 안 좋은 이미지가 박혔을 것이다. 상사가 게지네의 업무 능력에 아무 문제가 없다고 생각한다 해도 상사는 게지네의 태도를 보며 뭔가 이상하다고 생각했을 것이다. 예기치 않은 짧은 만남이었지만 게지네에겐 짙은 먹구름이 드리우고 말았다. 짧은 시간 동안 상황은 너무나도 빠르게 안 좋은 방향으로 흘러갔다. 우리는 평소에 무의식적으로 상대방이 오해할 수 있는 신호를 보내고 있다. 공감적 미러링의 궁극적인 목적은 확실한 신호를 보내 상대방과 자신 사이에 신뢰를 구축하는 것이다.

상사가 엘리베이터를 탔을 때, 게지네는 상사의 표정과 자세, 말투 등 여러 가지를 체크했어야 했다. 그리고 상사가 가볍고 경쾌하게 "요즘 어떻게 지내요?"라고 질문했을 때 똑같은 말투와 신체 언어로 대답했다면 좋았을 것이다. 하지만 게 지네는 기어들어가는 목소리와 긴장된 표정으로 대답했고 상 사는 그런 게지네가 의심스러워 보였다. '어떤 일을 꾸미는 건가?', '나에게 불만이 있는 건가?', '맡고 있는 일을 해낼 자 신이 없어서 불안해하고 있는 건가?' 등 여러 가지 생각들이 떠올랐을 것이다.

게지네는 상사에 대한 어색하고 불편한 감정을 그대로 드 러내면서 상사에게 괜한 의심을 샀다. 앞으로 게지네는 상사 와 마주칠 때마다 어색하고 불편했던 그때 그 순간들이 계속 생각날 것이다. 만약 어색함을 감추고 상사를 미러링하며 대 화를 컨트롤했다면 상사와 마주칠 때마다 긍정적인 감정들이 살아났을 것이다. 게지네는 상사에게 자신을 믿음직한 직원 이라는 인상을 심어줄 수 있었지만 그 기회를 놓치고 말았다.

상황 3
그냥 혼자가 편하다고 생각한다면

사람들은 튼튼하고 안전한 관계를 추구한다. 하지만 변화에 대한 소망이 큰 만큼 변화에 대한 두려움도 크다. 사람들에게 앞으로의 계획을 물어보면 거창한 목표들을 말하지만 막상 실현하려고 할 때는 머뭇거린다. "그냥 지금 주어진 생활에 만족하는 것이 낫지 않을까?", "변화가 꼭 좋은 것만은 아니지 않는가?"라고 생각하기 때문이다. 무언가를 바꾸려고 시도해도 타성이 발목을 잡는다.

인간관계를 개선시키려 할 때도 마찬가지다. 이론적으로는 뭔가 변화해야 한다는 것을 잘 알면서도 반복되는 오해와 대립을 그냥 받아들인다.

사람들은 대부분 이러한 상위 목표를 가지고 있다.

- 나는 동료들과 더 효율적으로 소통하고 싶다.
- 나는 스트레스 없이 더 다정하게 아이들을 대하고 싶다.
- 나는 배우자 또는 연인과 싸우지 않고 행복하게 지내고 싶다.

하지만 현재의 상태와 원하는 상태 사이에는 의구심이라는 걸림돌이 깔려 있다.

- 변화를 진정으로 원하지는 않는다. 사실 동료들과 어울리는 것을 꺼리고 거리를 두는 게 낫다고 생각한다.
- 변화 때문에 이미 존재하는 것이 흔들릴 수 있다는 두려움을 느낀다. 사실 아이와의 관계는 지금도 대체로 괜찮다고 생각한다.
- 자기 자신이 변해야 한다는 사실에 두려움을 느낀다. 배우자/연인과의 관계를 바꾸려고 시도하고 싶지 않다.

우리는 안전 욕구와 변화 욕구 사이에서 갈등한다. 그리고 대부분 안전을 선택한다. 그러나 사실 우리의 삶은 변화의 과정이다. 지금 모습 그대로 머물러 있는 것은 아무것도 없다. 사람들과 주변 상황 그리고 인간관계 또한 영원하지 않다. 그렇기 때문에 우리는 더욱 유연하게 반응하고 발전해야 한다.

●········· 자기 효능감 찾기

변화를 두려워하지 말고 당신의 내부에 숨어 있는 자원을 활성화시켜야 한다. 대체 어떤 자원을 말하는 거냐고 당신은 질문할 것이다. 이 질문에 대한 대답은 스스로 찾아야 한다. 하지만 그 대답을 찾을 수 있는 전략이 있다. 바로 자기 자신과 접촉하고 더 나아가 자기 자신과 대화하는 것이다. 자기 자신과 대화하고 접촉하다 보면 내면에 평화가 찾아오고 긴장감이 해소될 것이다. 아래 빈칸을 채워 문장을 말해보자.

- "나는 ○○○을 할 수 있다."
  → 나의 가장 소중한 자원을 찾는 데 도움이 된다.
- "나는 ○○○이다."
  → 나의 전체적인 성격을 파악하는 데 도움이 된다.
- "나는 ○○○라고 확신한다."
  → 내가 갖고 있는 신념을 의식하는 데 도움이 된다.

- "나는 앞으로 ○○○을 더 잘하고 싶다."

  → 나의 새로운 신념들을 시도해보는 데 도움이 된다.
- "나는 이미 ○○○을 이루어냈다."

  → 나의 자원을 신뢰하는 데 도움이 된다.

이렇게 자기 자신과 대화를 하려면 익숙해지기까지 시간이 필요하다. 세미나에 온 사람들에게 문장을 만들어보라고 말하면 사람들은 흔히 이렇게 말한다. "저에게는 그런 힘이나, 신념 같은 게 없는데요." 그럼 우리는 이렇게 묻는다. "당신의 그런 부정적인 생각들을 정말 진실이라고 생각합니까? 그래도 당신 안에 힘이 있지 않을까요? 당신을 강하게 만드는 생각에 초점을 맞추지 않고, 왜 당신을 약하게 만드는 부정적인 생각으로 당신의 에너지를 낭비하십니까?"

내 안에 숨어 있는 자원을 발견하고 사용할 때 우리는 자기 효능감을 느낄 수 있다. 당신이 원하는 대로 대화 상황을 컨트롤할 수 있다는 것을 굳게 믿게 된다. 이러한 새로운 신념은 당신의 모든 관계를 변화시킬 것이다. 모든 사람의 처지에서 생각할 수 있고 감정 이입을 할 수 있다는 신념을 가지고 대화해보자.

그와 반대로 "사람들을 상대하는 데 있어서 나는 완전 실패자야"라는 부정적인 확신을 가지고 대화한다면 공감적 소통이 거의 불가능할 것이다. 자기 자신을 스스로 방해하고 있기 때문이다.

●········ 자원을 찾고 원하는 상태로 나아가기

마찬가지로 상대방을 쉽게 평가하며 깎아내리거나 섣불리 상대방의 말과 행동을 해석하려고 하지 마라. 중요한 것은 새로운 방향, 목표 그리고 그 목표의 실현이다. 공감은 새로운 힘을 만들어내고 관계를 돈독하게 할 수 있는 기회를 제공한다. 이때 '신뢰'라는 자원이 결정적인 역할을 한다. 물론 긍정적인 대화 경험을 쌓아가며 만드는 자원도 있다. 이 자원들이 당신을 원하는 상태로 나아가게 한다. 공식으로 설명하면 다음과 같다.

- 현재 상태 + 자원 = 원하는 상태

원하는 상태로 나아가기 위해 다음 질문에 답해보자.

- 현재 관계의 상태는 어떠한가?
- 나는 어떤 관계를 원하는가?
- 자신만의 자원(재능, 소질, 능력)과 관계 자원(공감, 수용, 신뢰) 중에서 내가 사용할 수 있는 것은 무엇이고 만들어가야 하는 자원은 무엇인가?
- 어떤 방해 요인(불안, 안락, 의구심)들이 나를 가로막는가?
- 나는 방해 요인들을 제거하고 긍정적인 변화를 이끌어내기 위해 어떤 자원을 어떻게 활용할 것인가?

이 질문들에 대한 대답을 하고 나면 당신은 자신의 위치와 신념을 알게 되고 이어서 뚜렷한 목표를 그려볼 수 있다. 상대방과 자신의 관계가 앞으로 이랬으면 좋겠다고 하는 구체적인 그림을 감각적으로 떠올려보자. 그런 다음에 당신이 어떻게 행동할지 분명하게 결정하자. 예를 들면 다음과 같다.

- 상대방을 무의식적으로 대하지 말고 의식적으로 대하자.
- 상대방을 경계하는 대신에 공감하자.
- 부정적인 감정을 강화하거나 상대방을 깎아내리는 대신에 있는 그대로 받아들이자.
- 오해하고 불신하기보다 신뢰하자.

- 우연에 기대어 소통하기보다 원하는 방향으로 대화를 컨트롤하자.

확고한 유대 관계라는 목표에 도움이 되는 행동 방식과 그렇지 않은 행동 방식을 생각해보자. 그런 다음에 목표에 도달하면 어떤 기분이 들지 모든 감각을 동원해서 상상해보자. 어떤 감정들이 지배적인가? 당신의 내면은 무엇을 말할까? 개선된 관계는 당신의 삶에 어떤 영향을 미칠까? 이런 질문에 대답하는 것이 당신의 의식을 변화시킬 것이다. 당신의 관계가 긍정적으로 변화되기 훨씬 전부터 말이다. 이 부분의 핵심을 짚기 위해서 마하트마 간디의 유명한 명언을 살짝 바꿔서 인용해볼 수 있다.

"타인을 변화시키고 싶다면 당신부터 변화된 삶을 살아라."

이 문장을 인쇄해서 벽에 붙이거나 주문처럼 외우고 다녀보자. 당신 스스로 당신의 운명을 긍정적인 방향으로 이끌어 나갈 수 있다.

상황 4
상대방의 주파수에 맞춰줄
기분이 아니라면

살다 보면 안 좋은 일이 연달아 일어나는 날이 있다. 밤새 잠을 설치고, 아침 식사를 하다가 배우자와 싸우고, 눈앞에서 버스까지 놓쳐버린 날. 이런 날에 아무렇지 않을 사람은 없다. 이렇게 기분이 좋지 않은데 이런 상태에서 대체 어떻게 공감적 소통을 하란 말인가?

사람들은 대부분 분노, 짜증 같은 부정적인 감정 상태에서 벗어나기 어려워한다. 이런 감정들은 상대방에게 공감하기 위해 다짐했던 것들을 무시하고 예전의 모습으로 돌아가게 만든다. 물론 그럴 수밖에 없다고 말할 수 있다. 하지만 당신의 소통 능력이 컨디션에 따라 좌우되는 건 안타깝지 않은가?

●········· 우리는 감정을 조종할 수 있다

무엇을 말하느냐보다 어떻게 말하느냐가 더 중요하며, 어떻게 말하느냐는 당신의 감정 상태에 달려 있다. 사람들은 외부 상황에 따라 감정이 영향을 받는다고 생각한다. 그러나 당신은 감정 상태를 스스로 결정할 수 있다. 수면이 부족해서, 출근길에 버스를 놓쳐서 기분이 나쁠 수 있지만 이것은 의식의 문제이다. 부정적인 감정이 순식간에 대화를 방해하고 신뢰를 깨트릴 수 있다는 것을 의식하는 사람은 즉시 감정의 방향을 반대로 돌리려고 할 것이다.

외부 상황이나 컨디션과 상관없이 감정 상태를 평온하게 만들어보자. 물론 하루아침에 수년간 수련한 수도승처럼 평온해질 수는 없을 것이다. 하지만 당신이 지금 당장 할 수 있는 것이 있다. 특정한 사건에 대한 당신의 반응을 성찰해보는 것이다. 아침에 버스를 놓친 것에 대해 하루 종일 짜증을 내는 게 과연 자연스러운 일일까? 앞에서 우리는 타인은 쉽게 바뀌지 않기 때문에 있는 그대로 받아들일 수밖에 없다고 이야기했다. 이미 일어난 사건 또한 마찬가지다. 바꿀 수 없는 일에 대해서는 화를 낼 가치가 없다. 그렇다면 서둘러 다시 평온한 상태로 돌아오는 것이 더 현명하지 않을까?

생리학적으로 말하자면 기쁨, 행복, 슬픔, 좌절 같은 감정들은 우리 뇌의 화학적 패턴에 불과하다. 이 패턴을 우리는 충분히 조종할 수 있다.

●········· 파블로프의 조건 반사 실험

전설적인 러시아의 생리학자 이반 페트로비치 파블로프(Ivan Petrovitch Pavlov)는 이미 1905년에 반응은 학습된다는 사실을 밝혀냈다. 바로 모두가 아는 '파블로프의 조건 반사 실험'을 통해서였다. 파블로프는 개에게 먹이를 줄 때마다 종을 치면, 종소리만 들어도 개가 침을 흘리는 것을 발견했다. '종소리는 먹이를 의미한다'는 연관관계가 개의 뇌에 저장된 것이다. 파블로프는 이런 현상을 '조건 반사'라고 이름 붙였다.

사람에게도 조건 반사가 일어난다. 심지어 감정적인 조건 반사가 일어나기도 한다. 첫사랑과 만날 때 자주 들었던 노래가 라디오에서 흘러나온다고 생각해보자. 그 노래를 듣자마자 당신은 곧바로 감상에 젖게 될 것이다. 다른 사람들은 그 노래를 들어도 아무렇지 않은데 당신은 첫사랑을 만나던 그 당시의 감정에 허우적거린다. 당신의 뇌가 이런 연관관계를 저장했기 때문에 당신은 그때 저장된 감정에 빠져버릴 수밖에 없다.

하지만 여기서 끝이 아니다. 동물과 달리 사람은 자신의 반응과 자신의 감정을 성찰할 수 있다. 당신의 위대한 첫사랑이 당신에게 깊은 상처를 주었다고 상상해보자. 그 당시에 같이 들었던 노래를 다시 들으면 그때 받았던 상처들이 떠오를 것이다. 당신은 그 노래에 새로운 의미를 부여한다. 당신은 그 노래를 더 이상 행복과 연결하지 않고 슬펐던 감정들을 떠올릴 것이다. 의식적으로 조건 반사를 깨트린 것이다. 당신은 아마 이 노래가 다음에 라디오에서 다시 흘러나오면 아마도 채널을 돌려버릴 것이다.

●········ 상황에 대한 평가를 의식적으로 바꾸는 법

우리는 우리의 감정에 무력하게 내맡겨진 것이 아니다. 우리는 성찰을 통해서 의식적으로 감정에 다른 영향을 미칠 수 있다. 사람은 누구나 자신이 어떤 상태이고 싶은지 성찰할 수 있는 자유가 있다. 바꿔야 할 것은 현재 상황에 대한 평가이다. 버스를 놓쳤는가? 난감한 일이라는 것은 인정한다. 당신은 회사에 지각할 위기에 처했기 때문이다. 하지만 만약 당신이 부정적인 감정 상태에서 벗어나지 않으면 더 안 좋은 상황을 만들게 된다. 부정적인 분위기는 당신을 하루 종일 따라다닐 것이며 당연히 소통에도 부담을 준다.

당신은 감정 상태와 관련해서 주체성을 가질 수 있다는 사실을 의식하기 바란다. 외부의 상황과 상관없이 의식적으로 당신의 감정에 책임지는 법을 배워야 한다. 감정을 억누르거나 억압하라는 뜻이 아니다. 상황에 대한 당신의 평가를 의식적으로 바꾸라는 것이다. 당신의 감정을 주체적으로 컨트롤하려면 우선 당신이 무엇을 느끼는지부터 의식해야 한다.

당신의 상태는 어떠한가? 당신은 감정을 어떻게 바꾸고 싶은가? 어떤 감정이 당신을 가로막고 있는가? 당신은 어떤 감정 상태에 도달하고 싶은가? 다음 목록에서 당신에게 맞는 방법을 찾아보자. 당신이 시각적인 것에 반응하는 사람인지 아니면 말 또는 신체적인 것에 더 반응하는 사람인지에 따라서 당신에게 맞는 방법을 찾아보자.

- **내면을 정화하는 그림들**

  당신이 만약 시각에 예민한 사람이라면 긍정적인 그림들이 스트레스 상황에서 벗어나는 데 큰 도움이 될 것이다. 당신이 생각하는 행복하고 편안한 장소를 머릿속으로 그려보자. 야자수가 늘어선 바닷가일 수도 있고, 깨끗하고 쾌적한 펜션 또는 녹음이 우거진 따뜻한 공원, 친한 친구의 집일 수도 있다. 당신이 떠올린 그 장소 속으로 들어가 자유롭게 움직여보자. 아무도 뭐라고 할 사람이 없다. 그곳은 당신이 언제든지 드나들 수 있는 당신만의 파라다이스이며, 당신에게 좋은 감정 상태를 선물해주는 안전지대이다.

- ## 신체에 도움이 되는 의식들

    만약 스트레스 때문에 몸에 나쁜 증상이 나타난다면 당신의 몸과 마음의 상태를 개선하는 의식들을 만들어보자. 예를 들어 부정적인 것들을 밖으로 내뿜기 위해서 규칙적으로 심호흡을 하거나 손가락 끝을 마주대고 당신의 손 사이에 흐르는 에너지에 집중하는 것이다. 눈을 대각선으로 움직이는 것도 좋은 연습이 된다. 오른쪽 위에서 왼쪽 아래로, 왼쪽 위에서 오른쪽 아래로 여러 차례 반복한다.

- ## 동기부여가 되는 문장들

    당신이 말이나 글에 반응을 하는 사람이라면 당신의 생각과 감정을 긍정적인 방향으로 유도하는 문장들을 나지막한 목소리로 말해보자. 가령 "오늘 내가 버스를 놓친 일 따위는 20년 후의 내 삶에 아무런 영향도 미치지 않을 거야", "무슨 일이 있었든지 오늘 저녁에 내가 가장 좋아하는 드라마를 볼 거라 신이 나", "나는 지난 몇 주간 많은 일을 해냈고, 나는 이런 내가 자랑스러워"라고 말함으로써 화를 유발하는 사건으로부터 심리적으로 벗어나게 할 수 있다. 화가 나는 감정을 약화시키고 더 이상 올라오지 못하게 차단시키며 좋은 감정 상태를 만들어주는 모든 이유를 맘껏 받아들일 수 있게 된다.

• 긍정적인 본보기

당신이 사람에게 영향을 많이 받는 유형이라면 평소에 주체적이라고 생각했던 사람을 떠올려보자. 그 사람이 당신과 똑같은 상황에 처했을 때 어깨를 으쓱하면서 "그냥 똥 밟았다고 생각하지 뭐"라고 말하고 아무렇지 않게 할 일에 집중하는 모습을 그려보자. 어떤 일에도 동요하지 않는 그를 본받아 행동해보자.

• 경직된 상태를 풀어주는 유머

만약 당신이 코미디와 웃긴 일화를 좋아한다면 유머를 통해서 상황을 별것 아닌 일로 만들어보자. 관찰자 입장이 되어서 당신에게 일어난 불행한 일을 코믹하게 바라보자. 당신이 정류장으로 열심히 뛰어갔는데 떠나버린 버스 꽁무니만 바라보는 모습을 코미디의 한 장면으로 상상해보자. 당장은 지구가 멸망한 것 같은 기분이 들어도 조금만 생각을 달리하면 웃으면서 이야기할 수 있는 경험들이 너무나 많다.

부정적인 조건 반사로부터 벗어나려면 꾸준한 자기 관리가 필요하다. 쉽게 흔들리지 말고 밝은 평온함이 기본적인 감정이 되도록 노력하자. 부정적인 감정 상태를 오래 유지하지 않도록 하자. 이런 상태에서는 자기 자신에게 집중하느라 다른 사람에게 마음을 여는 것이 불가능하다. 무엇보다 타인과의 '관계'에 우선순위를 두고 방해 요인에 의미를 부여하지 않는다면 좋은 결과를 이끌어낼 수 있을 것이다.

갑자기 비난을 받아 당황스럽다면

갑자기 상대방에게 비난을 들을 때 어떻게 반응하는가? 사람들은 대부분 엄청난 충격을 받고 이렇게 생각한다. "맙소사, 나한테 왜 이런 일이?" 그리고 상대방을 더 이상 대화 '파트너'가 아니라 '적'으로 인식한다. 그래서 방어적인 태도를 취하게 되고 이 상처를 어떻게 되갚아줄 수 있을지 생각한다. 그리고 이 생각들은 자세와 표정 등 비언어적인 신호로 표현된다. 당연히 '적대적인' 대화 상대를 미러링해야겠다는 생각은 중단한다. 미러링은 우리가 유대감을 느끼고 우리가 유대감의 신호를 보내고 싶은 사람들만을 위한 것이라고 생각하기 때문이다. 하지만 바로 이런 순간에 공감적 소통의 진가가 발휘된다. 당신이 만약 계속해서 공감적인 태도를 유지한다면, 상대방에 대한 소중한 정보들을 수집할 수 있을 뿐 아니라 상황을 역전시킬 수도 있다.

●········· 반대 의견에 대한 세련된 대응

애플의 창업자 스티브 잡스는 직원과의 대화 자리에서 한 직원에게 공격적인 비난을 받은 적이 있다. 직원은 잡스가 잘못된 결정을 내려 회사를 위험에 빠트렸다고 주장했다. 사람들은 이 광경을 숨을 죽이고 지켜보았다. 잡스는 어떻게 반응했을까? 화를 냈을까? 상처를 받았을까? 민망해했을까? 이런 상황은 누구에게나 난처했겠지만 그에게는 그렇지 않았다. 그는 아주 세련되게 대응했다.

• 타이밍

스티브 잡스는 즉시 대답하는 대신에 조금 뜸을 들였다. 물한 모금을 마시더니 자신을 비난한 직원을 한동안 쳐다보며 생각에 잠겼다. 그의 행동은 긍정적인 효과를 불렀다. 먼저 물을 마시며 직원의 공격으로부터 회복할 수 있는 시간을 벌였고, 자신을 공격한 직원을 쳐다봄으로써 그 직원의 내면 상태를 들여다보았으며, 뜸을 들이면서 감정적인 반응(당혹감, 분노, 수치심)을 통제했다. 그러면서 동시에 직원에게 "나는 당신의 의견을 무시하지 않고 당신을 위해 시간을 냄으로써 당신과 당신이 한 말을 진지하게 받아들이고 있다"는 메시지를 전달했다.

- **공감적 미러링**

스티브 잡스는 항변하거나 반격하지 않고 그 직원의 말에 수긍했다. 잡스는 비판을 받아들이면서 그를 거부하거나 배제하는 대신에 공감적 미러링을 했다. 그러면서 동시에 대화할 준비가 되어 있다는 신호를 보냈다. 그리고 그는 의자가 있었지만 계속 서 있었다, 강연장에 있던 그 직원도 발언을 위해서 자리에서 일어나 있었기 때문이다. 이렇듯 신체 언어로도 공감하고 있다는 의사 표현을 했다.

- **객관적인 주장**

잡스는 잘못된 결정을 내렸던 이유를 아주 차분하고 상세하게 설명했다. 그러면서 회사에 대한 비전을 강조하면서 그 비전을 실현하는 과정에서 불가피하게 실수를 했다고 말했다.

"비전을 향해 가는 길에 종종 실수가 일어납니다. 그래도 괜찮습니다. 그렇게 함으로써 적어도 '결정'을 내리기 때문입니다." 아주 탁월한 발언이다. 실수를 받아들일 때 발전도 가능하다는 것이다. 하지만 이 메시지도 잡스가 그 전에 직원을 미러링하지 않았다면 잘 받아들여지지 않았을 것이다.

- **통합적 해결**

  발언을 마무리하기 위해서 잡스는 모든 참석자들을 포괄하는 건설적인 전망을 내세웠다. 그는 "우리는 실수한 부분들을 찾아서 극복할 것입니다"라고 힘주어 말했다. "하지만 얼마 전보다는 지금 회사가 훨씬 더 잘 돌아가고 있다고 생각하며 우리가 반드시 해낼 수 있을 것이라 믿습니다." 이렇게 말을 마치자 청중들은 박수를 보냈다. 비판했던 직원도 박수를 보냈다.

성공한 사람들의 행동에 대해 분석하고 이들의 의사소통 능력을 관찰하는 것은 언제나 흥미롭다. 스티브 잡스는 평생 영적인 생각에 관심을 가졌으며 '우리'를 중요하게 여겼다. 또한 잡스의 롤 모델은 경제계 거물이 아니라 비틀스였는데 그는 비틀스에 대해 이런 얘기를 했다.

"비틀스 멤버 네 명은 각자의 부정적인 성향들을 서로 잘 통제했습니다. 서로 조화를 이루어 협업을 통해서 각자가 가진 것보다 더 뛰어난 역량을 발휘했습니다. 비즈니스계에서도 위대한 일들은 단 한 사람이 만드는 것이 아니라 좋은 팀워크가 만들어내는 경우가 많습니다."

스티브 잡스는 팀워크를 굉장히 중요시했다. 그는 불교적 가치인 존중, 수용, 신뢰 그리고 '우리' 중심으로 생각했다. 그는 상황이 나쁘다고 해서 이런 가치들을 필요 없는 짐짝처럼 버리지 않았다. 그래서 비난을 받을 때도 자신의 감정을 다스릴 수 있었다. 그리고 그는 무엇보다 비판을 자신을 향한 개인적인 비판으로 받아들이지 않았다. 불교신자로서 자신의 자아를 성찰하고 통제할 수 있었기 때문에 그는 오히려 이런 상황을 '우리' 감정 그리고 회사가 추구하는 가치를 강화시킬 수 있는 기회로 삼았다.

●········· **공감적 갈등 관리를 위한 요소**

공감적 소통에 성공하면 갈등을 주도적으로 컨트롤할 수 있다.

공감적 갈등 관리란 공격을 개인적인(나, 에고, 자기) 공격으로 받아들이지 않고 관계(우리, 가치, 상위 자아)의 질을 개선할 수 있는 기회로 삼는 것이다. 당신이라면 비슷한 상황에서 어떻게 반응했을까? 그리고 이 이야기에서 당신이 배울 점은 무엇인가? 각 요소를 조금 더 자세히 들여다보자.

- **타이밍**

  우리는 흔히 누군가 자신을 비판하면 빠르게 반응해야 할 것만 같은 감정적인 압박을 받는다. 우리는 비판하는 사람이 말을 다 끝내기도 전에 끼어들어 즉시 반박을 하거나 방어 자세를 취한다. 우리는 책임을 회피하거나 비판이 부당하다고 항변한다. 하지만 바로 이런 성급한 대답이 진정한 교류를 가로막는다. 지나치게 빨리 대답하면 비판을 한 사람과 그 사람의 의견까지 차단하게 되어 상대방을 의식적으로 인지할 시간이 사라진다.

- **미러링**

  갈등 상황에서야말로 미러링은 최선의 방책이다. 이제 비판을 한 사람에게 그를 보고 있고 듣고 있으며 그의 의견을 이해하고 존중하고 있다는 것을 보여주는 것이 중요하다.

그렇다고 상대방의 의견에 절대로 함께할 필요는 없다. 상대방을 받아들이고 있다는 태도를 보여주는 것이 중요하다.

- **주장**

주장할 때는 미러링 원칙에 따라서 상대방이 사용한 단어와 비슷한 단어를 사용하는 것이 좋다. 비판한 사람이 사용한 핵심 개념을 반복해 대답해야 한다.

- **해결 전망**

모든 비판은 비판을 한 당사자에 대한 중요한 정보를 담고 있다. 따라서 반응할 땐 이 정보가 담겨 있어야 하며, 이를 위해 의식적인 목표 설정이 필요하다. 상위 목표는 무엇이고 시급한 목표는 무엇인가? 시급한 목표는 객관적인 사실을 규명하는 것이다. 상위 목표는 항상 관계의 질 그리고 공동의 해결책을 위한 것이어야 한다. 그래서 비판은 타당하든 그렇지 않든, 객관성이 있든 없든 해결 과정의 일부가 된다.

● ⋯⋯⋯ 비판과 공격에 주체적으로 대처하는 방법

모든 비판에는 공격 욕구, 자기 과시 또는 절망뿐만 아니라 긍정적인 의도 역시 포함되어 있다. 대답을 할 때 오로지 상대방의 긍정적인 의도에 집중하여 흔들리지 않도록 한다. 위에 나열한 요소들을 상황에 적용해보면 다음과 같은 모델이 만들어진다.

- **타이밍**

  상대방의 비판을 경청하고 그가 보내는 모든 신호를 인지하면서 그 사람의 내면을 상상한다. 그러기 위해서 당신은 충분한 시간을 할애한다. 경우에 따라서는 "잠깐만요. 제가 생각할 시간이 조금 필요합니다"라고 말한다.

- **미러링**

  비판한 사람을 언어적 그리고 비언어적으로 미러링해 관계의 기반을 형성한다. 상대방에게 "방금 하신 말이 정확히 무슨 뜻입니까?"라고 물어봐도 괜찮다. 그리고 상대방에게 당신이 그를 인지하고 있고 이해하고 있고 받아들이고 있다는 메시지를 전한다. "그러니까 당신 생각은

○○○이라는 거죠?"라고 비판 내용을 자신이 이해한 방식으로 바꾸어 표현하며 비판의 내용을 이해했다는 것을 어필해도 좋다.

- **주장**

주장을 펼칠 때 언어적 그리고 비언어적 미러링을 계속 유지한다. 상대방이 사용한 핵심적인 개념을 사용하고 비판 내용을 다시 인용하고 공감적인 방법으로 당신의 관점을 설명한다. "당신의 입장은 ○○인데 저는 ○○○라고 생각하기 때문에 서로의 입장에 차이가 있습니다."

- **해결 전망**

해결책을 구상할 때는 당신이 상대방으로부터 공격을 당할 때 수집한 정보를 포함시킨다. 객관적인 내용 외에도 상대방의 내면적 상태(불만족, 짜증, 화, 실망, 초조)를 고려한다. 그렇지만 당신이 파악한 상대방의 상태를 절대로 말로 표현해서는 안 된다. 그렇게 되면 다툼이 벌어지기 때문이다. 사실만을 말로 표현하고 해결책은 '나' 중심이 아니라 '우리' 중심으로 생각한다. 여기서 상대방에게 단도직입적으로 물어볼 수 있다. "혹시 좋은 제안이 있습니까? 우리가 어떻게 하면 가장 잘 해결할 수 있을까요?"

이 모델은 당신이 비판에 대응할 때 소중한 도움이 될 것이다. 당신이 직접 겪은 상황들을 머릿속에서 떠올려보자. 배우자 또는 연인과 다퉜을 때 어떻게 반응했는가? 그리고 친구가 당신에게 비난을 퍼부을 때 어떤 단어를 사용했는가? 마치 영화 속 장면을 떠올리듯 가능한 한 자세하게 상황을 떠올려보자. 그런 다음에 위의 모델대로 반응했을 때 상황이 어떻게 흘러갔을지 상상해보자. 이제 당신은 새로 습득한 커뮤니케이션 능력을 시험해보고 싶어서 누군가 당신을 공격하는 상황을 기다리게 될지도 모른다. 그때 당신의 공감적 위기 대처 능력을 시험해보자. 당신은 비난 혹은 비판을 받더라도 예전처럼 당황하지는 않을 것이다.

그런데 만약 공격자가 당신에게 의도적으로 상처를 주고, 망신을 주거나 모욕감을 주려는 상황이라면 컨트롤하기 쉽지 않을 것이다. 잘 통제된 자아를 가진 아주 평온한 사람들조차 이럴 때는 평정심을 잃을 수 있다. 이것은 지극히 인간적인 반응이다. 하지만 평정심을 잃으면 당신이 컨트롤할 수 있는 가능성도 함께 잃게 된다는 점을 명심해야 한다. 똑같이 상처를 주고, 망신을 주고, 모욕을 주며 보복하는 사람은 공격자의 마리오네트(marionette, 실로 매달아 조작하는 인형)가 될 수밖에 없다. 그래서 우리는 당신에게 이런 극단적인 상황에서도 공감적인 태도를 유지하라고 조언하고 싶다. 위의 모델에 따라서 공격자를 미러링하고 비판에 휘말리지 말고 객관적인 핵심만 파고들어라. 당신이 상대방의 부족한 공감 능력을 사실적인 내용과 혼동할 수 있는 위험이 너무나 크기 때문이다.

● ········· 부드럽고 강하게 이기는 법

상대방이 당신을 의도적으로 상처를 주려고 한다면 무시하자. 그냥 상대방의 비난을 상대방을 파악할 수 있는 정보 정도로 받아들이자. 미러링하고 싶은 마음이 들지 않겠지만 그래도 상대방이 의견을 솔직하게 표현해준 것에 대해 감사함을 전하며 미러링하자. 상대방에겐 의식적으로든 무의식적으로든 인정 욕구가 있다. 당신을 도발하여 얻고자 했던 그 욕구를 채워주는 것이다. 그런 다음에 상처가 되는 말들을 중립적인 언어로 끌어오자. 만약 어떤 사람이 당신에게 "넌 가소롭기 짝이 없는 실패자야"라고 말한다면 당신은 이 문장을 새롭게 표현해서 상대방이 더욱 구체적으로 말하게 만든다. "그러니까 너는 내가 어떠한 목표를 제대로 해내지 못했다고 생각하는구나. 내가 구체적으로 무엇에 실패한 사람인지 말해줄래?"

상대방은 김이 빠지고 당황할 것이다. 상대방이 부정적이고 공격적인 심리적 에너지로부터 벗어나 이성적으로 사고할 수 있도록 유도하자. 그렇다고 관계의 기반에서 벗어나는 것은 아니다. 당신은 화를 내는 대신에 상대방의 관점에 관심이 있다는 것을 전달했기 때문이다.

공감적인 태도를 내면화하면 아주 첨예한 상황에서도 컨트롤하고 리드하는 것이 가능하다. 제아무리 심한 모욕도 결국 당신과 어떤 관계를 맺고자 하는 시도이다. 누군가 당신에게 관심이 있지만 관심을 부정적으로 표현하는 법밖에 모른다고 생각하자. 그들조차 인정을 받고 싶고, 유대감을 느끼고 싶다는 은밀한 소망을 품고 있다. 그 소망을 발견하면 굉장히 흥미로울 것이다.

| CHAPTER 9 |

"불편한 대화에서 벗어나는
5가지 무기"

대화 때문에 스트레스 받는 사람들을 위한 TIP

스몰토크가 쉬워지는 칭찬 기술

세미나에 참석한 사람들을 관찰하고 있으면 서로 소소한 대화를 나누는 것을 굉장히 힘들어한다는 사실을 발견한다. 어떤 사람들은 그냥 수줍음이 많아서 대화 자체를 힘들어하고, 또 어떤 사람들은 소위 '스몰토크'를 하는 것이 어렵다고 토로한다. 더 자세히 물어보면 이들은 스몰토크가 필요한 상황이 닥칠 때마다 자주 민망해진다고 털어놓는다. 길거리에서 우연히 동창생을 만났는데 무슨 말을 해야 할지 모르겠고, 새로 입사한 동료가 식당에 혼자 앉아 있는데 어떻게 말을 걸어야 할지 모르겠고, 어머니와 단둘이 차 안에 있을 때마다 할 말이 전혀 떠오르지 않는다는 것이다.

●⸱⸱⸱⸱⸱⸱⸱⸱⸱ 훌륭한 스몰토크의 필수 조건

정적, 민망한 침묵, 곤혹스러운 감정. 이것은 일상의 소통에서 일어나는 전형적인 문제들이다. 많은 사람들이 처음 만난 사람들과 어울려야 하는 순간이나 별로 친하지 않은 사람과 우연히 마주쳤을 때 어찌할 바를 몰라 당황해하고 심지어 공포감마저 느낀다. 사실 모든 사람과 편안하게 즉흥적인 대화를 나누는 재능은 기본적으로 필요한 소통 능력이지만 대부분 그다지 중요하지 않다고 생각한다.

스몰토크란 별다른 주제 없이 서로 말 몇 마디를 주고받는 대화이다. 대화 상대와 어색함을 누그러트리는 것이 목적이다. 스몰토크를 잘하는 사람은 상대방이 따뜻함과 즐거움을 느낄 수 있도록 소통한다. 날씨나 뉴스 아니면 손에 들고 있는 음료수 등 소재는 상관없다.

좋은 스몰토크는 '상대방에 대한 호의'가 필수 조건이다. 당신이 어떤 파티나 행사에 초대를 받았는데 아는 사람이 거의 없다고 상상해보자. 그런데 갑자기 처음 보는 사람이 당신에게 다가온다. 당신이 만약 상대방을 의심스러워하거나 어색해하거나 두려워하는 반응을 보인다면 편안한 대화는 불가능할 것이다. 그러나 마음을 열고 호의를 드러내며 다가오는 상대방을 대하면 이런 태도는 곧바로 상대방에게 전달된다. 처음부터 상대방을 수용한다는 태도를 보여주며 이런 메시지를 전하는 것이다.

> "나는 당신을 모르지만 그래도 당신과 대화를 나누면서 관계를 만들어가고 싶습니다. 그리고 나는 우리가 좋은 대화를 나누게 될 거라고 확신합니다."

마음속으로 이러한 독백을 떠올리다 보면 어색하고 낯선 상황이 주는 스트레스에서 벗어날 수 있다.

●……… 칭찬으로 대화를 시작하라

상대방에 대한 호의를 의식적으로나마 품고 대화에 참여한다면 다음 같은 칭찬도 가능하다.

> "안녕하세요. 처음 뵙습니다. 미소가 아름다우셔서/멋진 옷을 입고 계셔서/특별한 구두를 신고 계셔서 곧바로 눈에 띄었습니다."

너무 가식적인 칭찬처럼 보이는가? 하지만 칭찬은 적절히 필요하다. 안타깝게도 우리 사회에서는 칭찬을 그다지 좋게 받아들이지 않는다. 특히 독일에서는 칭찬을 진실하지 않고 비굴하게 아첨하는 말이라 여긴다. 그래서 사람들은 가능한 한 필요한 말만 하고 어떻게든 매혹적으로 들릴 수 있는 말들은 다 제외시킨다. 하지만 미국에서는 처음 만난 사람에게도 호의적인 말들을 쉽게 한다. "당신이 입고 있는 티셔츠가 마음에 들어요", "오, 그 반지는 정말 특이하네요", "우와, 정말 훌륭한 미용사에게 머리를 맡기시는 모양입니다" 등 이러한 칭찬으로 대화를 시작하면 대화가 편안하고 자연스럽게 흘러간다.

대화가 어색하고 어렵게 느껴지는 이유는 우리가 '나'의 감정만을 보고 '나'를 지나치게 심각하게 받아들이기 때문이다. 그러나 '우리'로서 첫걸음을 떼고 호기심이 아닌 관심의 신호를 보내면 훨씬 쉽고 자연스럽게 관계를 맺을 수 있다. 그렇다고 사적인 질문을 하거나 다짜고짜 난감한 질문을 퍼부으면 안 된다. 적절하고 은근한 칭찬은 그 자체로 말로서 관심을 나타낸 것이므로 이를 바탕으로 자연스럽게 질문들을 이어나갈 수 있다.

한 기자가 이런 말을 한 적이 있다. "흥미롭지 않은 사람은 없어요. 흥미롭지 않은 대화가 있을 뿐입니다." 자신의 이야기를 할 수 있는 기회만 주어진다면 아무리 지루한 사람이라고 해도 흥미로운 사람이 될 수 있다는 것이다. 이 기자는 상대방에게 당신을 좀 더 자세히 알고 싶다는 메시지를 전하면 모든 사람들이 마음을 연다는 사실을 이해했다. 상대방을 미러링하면 별 어려움 없이 관계의 기반을 만들어갈 수 있다. 이것이 앞으로 어떻게 발전할지는 별개의 문제다.

대화가 끊이지 않게 하는 질문 기술

사람들은 흔히 대화를 할 때 대단한 퍼포먼스를 해야 한다고
생각한다. 그런 생각에 갇혀 있으면 '나'에게 집중할 수밖에
없다. 하지만 대화는 사람들의 생각보다 훨씬 더 간단한 행위
다. 그저 단순히 질문만 해도 된다. 너무 아는 것이 없다고 두
려워할 필요도 없다. 왜냐하면 어차피 길고 지루한 전문 지식
에 대한 이야기를 듣고 싶어 하는 사람은 없으며, 아는 것이
없다는 두려움은 모르는 것에 대해 질문함으로써 메울 수 있
는 것이기 때문이다.

하지만 안타깝게도 사람들은 칭찬과 마찬가지로 질문에 대
해 부정적으로 생각한다. 꼬치꼬치 캐묻는 것 같은 느낌이 들

까 봐 질문하는 것을 꺼린다. 그러나 사람들은 대부분 자신에게 관심을 가져주고 자신에 대해 이야기하는 것을 상당히 좋아한다. 좋은 질문을 해주는 사람들과 더 이야기하고 싶어 하는 것은 사람의 본능이다.

●·········· 상대방을 배려하는 똑똑한 질문

미국의 어린이 프로그램 〈세서미 스트리트(Sesame Street)〉의 테마송에는 "질문하지 않는 사람은 멍청이로 남는다"라는 가사가 나오는데, 이를 차용하여 "질문을 하지 않는 사람은 혼자 남아 있게 된다"라고 말하고 싶다.

일반적으로 대화에서 질문하는 사람은 수동적인 역할이라고 생각한다. 질문자는 질문만 하고 상대방은 자신의 생각을 말하기 때문에 대화의 주도권이 상대방에게 있다고 쉽게 생각할 수 있다. 하지만 질문을 통해 우리는 상대방의 생각과 가치, 삶의 관심사와 우선순위 등 상대방의 정보를 얻을 수 있다. 하지만 질문하지 않으면 이런 정보들을 절대 알 수 없고 관계를 계속 유지하기도 힘들어진다. 그렇다면 똑똑한 질문이란 어떤 질문들일까?

- **현재 함께 경험하고 있는 것에 대해 질문하기**

  처음 만난 상대방과 대화를 시작할 땐, 현재 함께 경험하고 있는 것에 대해 질문을 던지는 것이 좋다. 예를 들어, 마시고 있는 커피 또는 함께 머물고 있는 공간과 관련된 질문을 던지는 것이다. 상대방에게 커피가 맛있는지 또는 공간이 마음에 드는지 질문하자. 그러면 당신이 미러링할 수 있는 주제가 생기고 동시에 대화 상대의 관심사나 취향을 알 수 있다.

- **상대방의 관심사에 대해 질문하기**

  첫인상을 바탕으로 또 다른 대화 주제로 나아가자. 커피에 관한 질문으로 시작했으면 좋아하는 카페나 디저트에 관해 이야기할 수 있고 공간에 대한 질문으로 시작했다면 비슷한 분위기의 호텔이나 식당에 대해 이야기할 수 있다.

- **구체적으로 질문하기**

  대화가 지루해지는 이유는 피상적인 대답에 만족하고 더 이상 질문하지 않기 때문이다. 그렇다고 너무 저돌적으로 질문하지는 말자. 예를 들어, "그래서 정확히 어땠는데요?"라고 질문하는 대신에 "오, 흥미롭네요. 좀 더 자세히 들을 수 있을까요?"라고 질문한다.

- **대답이 소극적일 땐 주제 바꾸기**

  당신이 질문했을 때 대화 상대가 소극적이거나 내키지 않은
  반응을 보인다면 주의를 기울이고 즉시 주제를 바꾼다.

●⋯⋯⋯ 목표를 정하고 질문하라

질문한다는 것은 대화를 주도한다는 것을 의미한다. 의식적
으로 질문하는 사람은 대화를 이끌어가고 관심을 전달하기
때문에 성공을 거둔다. 그리고 또 하나 주의할 사항이 있다.
바로 목표를 정하고 질문을 던지는 것이다. 많은 사람들이 목
표가 없기 때문에 질문을 하지 않는다. 당신이 이 대화로 얻고
자 하는 것은 무엇인가? 편안한 수다? 상대방과의 좋은 관계?
아니면 어떤 구체적인 정보를 얻고자 하는가? 이러한 목표를
염두에 두고 상대방이 대답할 때 미러링을 하고 질문할 때 컨
트롤을 해야 한다. 목표에 따라 어떻게 대화를 컨트롤해야 하
고, 어떤 질문을 조심해야 하는지 알아보자.

- **친구들과 즐거운 저녁 시간을 보내고 싶다.**

  좋은 질문 대화에서 편안한 주제를 유도하는 질문을 한다.

  금지 질문 다툼을 유발하는 질문. 예를 들어, 정치적인 논쟁
  이나 질병과 관련된 부정적인 주제.

- **연인이 직장에서 느끼는 부담감에 관해 대화하고 싶다.**

  좋은 질문 지금 현재 내면 상태에 관한 질문을 한다. 예를
  들어, "지금 너 스스로 어떤 상태라고 생각해?",
  "지금 주어진 일들을 해냈을 때 나중에 어떤 도움
  이 될 것 같아?" 등.

  금지 질문 과도한 부담을 느끼는 이유에 관한 질문. 상대방
  의 감정을 무시하고 깎아내리는 질문.

- **여행지를 정하는데 의견이 맞지 않아 의논하고 싶다.**

  좋은 질문 "A 도시의 어떤 점이 좋아? A 도시에 가면 뭘 하
  고 싶어?"라고 물으며 상대방이 중요하게 생각
  하는 것을 캐치한다.

  금지 질문 "B 도시가 훨씬 볼 게 많은데 왜 하필 A 도시야?"와
  같이 도발적인 질문이나 "왜 그렇게 막무가내로
  A 도시를 고집해?"와 같이 깎아내리는 질문들.

- **상사와 친해지기 위해 가볍게 수다를 떨고 싶다.**

   좋은 질문 함께 있는 상황에서 할 수 있는 가벼운 질문을 던
   진다. "사장님은 어떤 커피 좋아하세요?", "오늘
   점심은 뭐 드셨어요?"

   금지 질문 소문이나 남에 대한 험담, 사생활에 대한 질문들.

당신이 어떤 목표를 추구하든지 입에서 흘러나오는 대로
대화하면 안 된다. 처음부터 목표를 의식하며 대화해야 한다.
아무리 사랑하는 사이라고 해도 대화에 온기와 사랑을 담아
야 한다. 그러나 많은 커플이 식당에서 밥을 먹거나 바닷가에
나란히 앉아서 아무 말도 하지 않는다. 특히 오래된 관계일수
록 새로운 대화 주제를 찾지 못한다.

공감적 소통에 익숙한 사람이라도 때로는 갑자기 대화가
끊어질 때가 있다. 대화가 끊어졌다는 것은 미러링이 끊어졌
다는 신호이다. 그러므로 곧바로 다시 미러링을 하는 것이 중
요하다. 그리고 상대방이 편안함을 느낄 수 있는 화제를 꺼낸
다. 이른바 마스터키와 같은 주제 말이다. 여기서 마스터키와
같은 주제란 무엇일까? 다음 페이지에서 알아보자.

무기 3
얼어붙은 분위기를 녹이는
화두 던지기 기술

아무리 공감적 소통 능력이 뛰어나다 해도 가까이 다가가기 어려운 사람들이 종종 있다. 이들 앞에는 마치 강철로 만든 벽이 세워져 있는 것 같다. 하지만 이런 사람들도 편안함을 느끼는 자신만의 안전지대가 있다. 바로 그것이 무엇인지 알아내어 비장의 무기처럼 사용하자. 당신도 알다시피 누군가 긍정적인 감정을 느끼면 그 감정을 당신에게 투사하기 때문이다. 따라서 상대방이 적극적으로 즐겁게 대화에 참여할 수 있도록 의도적으로 질문하는 것이 중요하다.

● ⋯⋯⋯ 좋아하는 주제를 꺼내라

앨리는 사장과 소통이 원활하지 않아 힘들다. 회의 때마다 사장은 냉소적인 태도를 유지하고, 가볍게 대화를 나눌 때도 매번 짧게 대답하기 때문이다. 사장과 직원들 사이에는 항상 서먹하고 어색한 침묵만 맴돈다.

그러던 어느 날 앨리는 사장이 승마를 좋아한다는 사실을 알게 되었다. 앨리는 회의를 앞두고 의도적으로 사장에게 승마와 관련된 이야기를 꺼냈다. 그러자 사장의 표정이 순식간에 바뀌었다. 사장은 신나서 자신의 승마용 말과 마구간에 관해 이야기하기 시작했다. 완전히 다른 사람을 보는 것 같았다. 사장은 말을 타고 들판을 달렸던 경험을 이야기하면서 그 모습들을 눈앞에 감각적으로 떠올렸다. 그는 승마에 대한 이야기를 하는 내내 심리적 안전지대에 머물러 있는 듯했다. 그는 앨리에게 마음을 열었고 이어서 진행된 회의에서도 훨씬 더 협조적이고 개방적인 모습을 보였다.

상대방을 순식간에 행복하게 만들 수 있는 주제가 뭔지 알아내자. 미러링을 위해 상대방을 자세히 관찰하다 보면 어떤 주제에 눈이 반짝거리는지 재빨리 알아챌 수 있다. 가족이나 아이들 이야기일 수도 있고, 오토바이 타기, 고전 영화 보기

등 취미와 관련된 주제일 수도 있다. 때로는 한 가지 주제가 다른 주제로 확대되기도 한다. 자동차에 관한 얘기를 좋아하면서 배기량, 가속 시간에 대해 이야기하는 사람은 아마도 공학 마니아일 가능성이 높다. 이런 사람은 대화를 할 때 숫자나 통계로 설명하는 것을 좋아할 것이다. 음식, 와인, 여행에 대한 얘기를 좋아하는 사람은 식도락가일 가능성이 높다.

●·········· **안전지대 메모 습관**

특히 업무와 관련된 사람과 만날 땐 미팅 후 상대방에 대해 간단한 메모를 남겨두자. 어렵지 않다. 헤어진 뒤 상대방의 이름과 몇 가지 메모를 휴대폰에 저장하면 된다. 상대방이 가장 좋아하는 얘깃거리는 무엇이었는가? 상대방은 어떤 얘기를 꺼낼 때 마음을 열었는가? 다음에 상대방과 대화를 나누기 전에 저장한 메모를 읽어보고 나면 처음부터 좋은 대화 분위기를 만드는 데 도움이 될 것이다. 그러면서 동시에 상대방이 좋아하는 화제와 관련된 가치관도 한눈에 알아볼 수 있다.

각자의 안전지대는 가치관을 알려주는 지표다. 자녀들에 관한 얘기를 좋아하는 사람은 가정적이고 가족을 중요하게 생각하는 사람으로 학교와 교육에 관한 질문을 좋아한다. 일에 관한 얘기만 하는 사람이라면 그에게는 일이 가장 중요한 가치인 것이다. 이처럼 당신은 상대방의 안전지대를 통해 그가 소중히 여기는 가치를 알아낼 수 있고 그러고 나면 얘깃거리는 무궁무진해진다. 상대방이 좋아하는 얘깃거리와 가치관에 밀접하게 다가갈수록 소통은 더 편안하고 수월해질 것이다.

슬픔에 잠긴 친구를 위로하는
공감 기술

우리는 어렸을 때부터 무기력, 분노, 두려움, 실망, 슬픔 같은
감정들을 절대 겉으로 드러내면 안 된다고 배우며 자란 경우
가 많다. 우리는 어렸을 때 어쩌다 화를 내면 "마음 가라앉혀"
라는 말을 들었고, 어쩌다 눈물을 흘리면 "울지 마"라는 말을
들었다.

엄격한 감정 통제에 익숙해진 우리는 어느덧 감정 통제가
당연한 것이 되어버렸다. 우리는 감정들을 억압하고 표면에
드러내지 않으려고 애쓴다. 감정을 드러내면 다른 사람들이
우리를 싫어하게 될까 봐 두렵기 때문이다. 좋은 인상을 주지

못하거나 남들에게 비호감으로 보일지도 모른다는 불안감은 우리의 잠재의식 깊은 곳에 자리 잡고 있다. 그래서 우리는 다른 사람들이 불친절, 좌절, 분노, 두려움, 슬픔 등의 감정을 보이면 어찌할 바를 모른다. 우리는 스스로의 감정에 대해서도 대응할 줄 모르기 때문이다. 따라서 공감 능력을 발휘하려면 우선 우리 자신의 감정을 잘 다룰 줄 알아야 한다. 우리가 마음속 가장 깊숙한 곳에 들어 있는 감정을 느끼는 감각을 키우기 위해서는, 그 감정을 있는 그대로 받아들이고 성찰하는 연습을 해야 한다.

●·········· 스스로 허용하지 못하는 감정은 미러링할 수 없다

사람들이 가장 미러링하기 힘들어하는 감정은 슬픔이다. 예를 들어 친구가 가까운 사람을 잃었다면 어떻게 대해야 할까? 많은 문화권에서 슬픔을 표현하여 극복하는 의식들이 발달되었다. 동양이나 남부 유럽에는 장례식에 찾아와서 유가족과 함께 슬피 울어주는 사람들이 있다. 그들은 아주 자연스럽게 슬픔을 미러링한다. 조문할 때 유가족 앞에서 우는 것도 일상적이다. 하지만 서부 유럽에서는 유가족 앞에서 깊은 슬픔을

표현하는 것은 금기시된다.

그래서 때로는 슬픔에 잠긴 사람은 아무도 건드리면 안 되는 것처럼 느껴진다. 다른 사람들은 이들의 눈치를 보면서 슬슬 피해 다니기도 한다. 심지어 가까운 친척과 친구들조차도 슬픔에 빠진 사람은 그냥 내버려두는 것이 가장 좋다고 생각한다. 그리고 슬픔에 빠진 사람에게 가까이 다가간다고 해도 "너무 슬퍼하지 마"라고 말한다.

불행한 일을 겪어 위로조차 들리지 않는 상황에서는 우선 공감적 미러링이 필요하다. 함께 슬퍼해야 한다. 많은 사람들이 부정적인 감정을 두려워하기 때문에 부정적인 감정을 미러링하는 것 역시 꺼린다. 당신의 마음을 더 이상 억누르지 않기를 바란다. 당신의 마음에 귀를 기울이고 느껴라. 냉정한 상태로 돌아가려고 애쓰기 전에 이런 감정들을 의식적으로 느껴라. 감정을 받아들이고 드러내는 것만큼 마음을 홀가분하게 해주는 것은 없다.

●·········· **함께 울고, 함께 웃어라**

세미나에 참석했던 한 참석자가 우리에게 다음과 같은 이야기를 들려주었다. 그는 15년간 함께 일한 직원에게 해고 통보를 해야 했다. 회사가 무너지기 직전이라 어쩔 수 없는 결정이었다. 그는 가능한 한 차분하게 해당 직원에게 해고 소식을 전했다. 그러자 예상치 못하게 직원이 눈물을 터트리기 시작했다. 그는 어떻게 했을까? 놀랍게도 그는 직원과 함께 울었다고 한다. 그는 이 직원을 좋아했고 그 나이에 직장을 새로 구하는 것이 얼마나 힘든지 충분히 짐작할 수 있었기 때문이다. 이 얘기는 회사에 금방 퍼졌고 한 동료가 그를 따로 불러 이렇게 말했다고 한다. "아무리 그래도 회사에서 그렇게 울면 됩니까?" 그는 멋지게 대답했다. "직원의 슬픔에 공감하는 것도 때로는 일의 일부입니다." 해고된 직원은 나중에 그가 보여준 솔직한 감정 표현이 충격을 받아들이는 데 상당한 도움이 되었다고 말해주었다고 한다.

이 사례는 함께 슬퍼하는 것이 당사자에게는 슬픔을 덜어줄 뿐 아니라 자기 자신에게도 도움이 된다는 것을 보여준다. 슬픈 감정을 억누르고 노골적으로 무심한 태도를 취하면 자기 자신에게도 좋지 않다. 직원과 함께 울었던 그는 다른 사람들이 흔히 프로페셔널하다고 생각하는 기준에 개의치 않고 인간적인 반응을 보인 것이다. 그럼으로써 해고 통보에 관한 대화를 솔직하게 나눌 수 있었다.

공감은 강한 결속을 만들고, 공감 거부는 사람들을 서로 멀어지게 만든다. 나에게 중요한 사람이 더 이상 나를 미러링하지 않는다는 것을 알게 되면 감정적으로 엄청난 스트레스가 발생한다. 본능적으로 유대감에 의문을 제기한다. 이 사람은 정말 나와 연결되어 있는 걸까? 아니면 결정적인 순간에 나를 떠나버릴까? 파트너 관계이든, 친구 관계이든 감정적 충성심이 흔들리면 관계도 흔들린다.

상대방이 어떤 감정적 기분에 놓여 있는지 의식적으로 인지하고 그 감정에 공감적으로 다가가라. 함께 기뻐하고, 함께 슬퍼하고 일단 미러링함으로써 흥분과 좌절과 같은 감정들을 나눠야 한다. 먼저 상대방의 감정들을 서슴없이 미러링한 다음에 위로하자. 순서에 주의하자. 상대방을 컨트롤하기 전에 상대방이 당신으로부터 인정받고 안전하다고 느껴야 한다.

●·········· **영혼의 쓰레기 비우기**

자기 자신에게 있는 불편한 감정들을 확인하고 경우에 따라서 미러링까지 하는 것이 항상 쉬운 일은 아니다. 힘들고 뭔가 막힌 것 같은 느낌이 든다면 명상을 통해 이런 상황에서 비교적 빠르게 벗어날 수 있다. 거창하게 준비해야 할 것은 없다. 조용히 편안하게 시간을 보내는 것만으로도 충분하다. 당신의 감정들을 마치 스캐너로 판독한다고 생각해보자.

- 눈을 감은 채로 힘든 감정을 겪고 있는 한 사람을 떠올려보자.
- 그 감정이 무엇인지 생각한다. 분노인가? 짜증? 불쾌? 압박?
- 그 감정을 직접 겪었던 순간이 떠오르는가? 혹은 여전히 비슷한 감정을 겪고 있는가?
- 그 감정이 어디에 자리 잡고 있는가? 배? 심장 부근? 머리?
- 그 감정은 어떤 색깔인가? 밝은 색? 어두운 색? 진한 빨간색 아니면 쨍한 노란색인가?
- 그 감정은 어떤 질감을 가지고 있는가? 돌처럼 딱딱한가? 모래처럼 까끌까끌한가?
- 그 감정의 색깔과 질감에 초점을 맞춘다.
- 그런 다음에 머릿속으로 그 감정을 손으로 쥐고 밖으로 끄집어낸다.
- 상상 속의 창문을 열고 그 감정을 밖으로 던져버리거나 감정을 밖으로 내뿜기 위해서 손에 바람을 불어 내뱉는다.
- 다시 심호흡을 하고 의식적으로 자유로워진 것을 느낀다.

무기 5
상대할 가치가 없는 사람을
알아보는 기술

주변에 자꾸만 당신을 조종하려는 사람이 있는가? 만약에 이런 사람을 상대하고 있다면 이 사람을 정말 미러링하고 싶은지 스스로에게 진지하게 물어봐야 한다. 극도로 교묘하게 사람을 조종하는 사람에게 너무 많이 양보를 하다 보면 자기 자신을 더 이상 느끼지 못하고 결국에는 자신의 정체성까지 부인하게 될 수 있기 때문이다. 이것은 공감적 커뮤니케이션과는 대치된다. 따라서 상대방이 자신을 조종하는 것 같다면 곰곰이 생각해봐야 한다. 내가 이 사람을 미러링하는 이유는 무엇인가? 계속 일방적으로 상대방을 미러링하고 있는가? 이 사람은 미러링할 만한 가치가 있는 사람인가?

●·········· 그들의 역할극에 참여하지 마라

심리를 조종하는 것은 역할 놀이와 비슷하다. 자신이 먼저 어떤 역할을 맡고, 다른 사람들에게 이에 맞는 상대 역할을 맡도록 강요한다. 이들은 주로 희생자, 구조자, 추적자의 역할을 맡는다. 희생자 원형은 이렇게 말한다. "나는 약해. 나는 아무 잘못이 없어. 모두 다른 사람들 잘못이야. 그러니까 네가 내 곁에 있어야 해." 구조자 원형은 이렇게 말한다. "나는 너를 도와줄 수 있어. 나는 너에게 무엇이 필요한지 알고 있어. 너는 내가 필요해. 너는 내가 없으면 망할 거야." 그리고 추적자 원형은 노골적으로 공격성을 드러낸다. "내가 항상 이겨야 해. 내 길을 가로막는 사람은 모두 나쁜 사람이야. 나는 무조건 다른 사람들 위에 있어야 해."

대부분 한 사람이 이 세 가지 역할극을 펼치는 경우가 많다. 이들은 자신의 권력욕을 충족하기 위해 상대방에게 특정한 반응을 요구하고 그런 반응을 보이지 않으면 화를 내거나 비난을 퍼붓는다. 이들은 상대방이 원하지 않는데도 관용을 강요하고, 가치관에 반하는 행동을 하라고 강요한다. 이들의 기대를 계속 채워주다 보면 그물망에 점점 얽히게 된다. 이런 사람들은 당신을 완전히 손아귀에 넣어버리고 컨트롤 능력마저 잃게 만들 것이다.

그런데 상대방이 당신을 교묘히 조종하고 있다는 것을 어떻게 알아차릴 수 있을까? 만약 누군가와 함께 있을 때마다 자기 자신의 감정을 믿을 수 없고 마음이 불편하고 이해받지 못한다고 느낀다면 바로 그 사람이 심리 조종자다. 당신이 평소에 하지 않던 것들을 하고, 자신에게 전혀 어울리지 않는 말을 하는데 마음이 불편한가? 만약 그렇다면 그 사람과 거리를 두는 것이 중요하다.

●‥‥‥‥ **함께 호흡하고 함께 웃을 수 있다면**

공감적 소통은 한 사람의 일방적인 노력만으로는 불가능하다. 공감적 소통의 에토스(ethos, '성격', '관습'을 의미하는 옛 그리스어)는 상호성, 관계 맺기, 감정 이입, 수용이다. 당신의 마음에 귀를 기울여보자. 가볍고, 기쁘고, 재미있는가? 무겁고 부담스럽고 압박감이 드는가? 관계를 개선해서 그 사람과 계속 어울리고 싶은가? 다시는 만나고 싶지 않은가?

공감적 소통의 기본은 사람을 좋아하는 마음이다. 이것이 당신의 대화 상대에게 해당되는지는 공감적 미러링이 자주 성공할수록 빨리 알아낼 수 있다. 어느 순간에는 대화가 오가는 동안 저절로 알게 될 것이다. 상대방과 나 사이에 신뢰가 형성되었는지, 좋은 대화를 하고 있는지 말이다. 함께 호흡하고 함께 웃는 것이 미러링의 가장 이상적인 형태이다.

사람들에게 관심을 받고 싶고, 사람들과 유대감을 느끼고 싶고, 사람들이 자신의 말을 경청해주길 바라는 기본 욕구에 귀를 기울여라. 그것이 바로 사람들과 좋은 관계를 맺고 아름다운 경험들을 쌓는 길이다.

달라이 라마와 마찬가지로 우리는 함께 날마다 인간관계를 개선시키기 위해 애쓰고 있으며 이제 그 방법을 알게 되었다. 사람의 마음에 대해 공부하다 보면 인간관계가 우리가 생각하는 것만큼 그렇게 어렵지 않다는 것을 알게 될 것이다. 이 책을 읽은 독자들도 타인과의 소통을 통해 행복한 순간들을 앞으로도 계속 쌓아가기를 바란다. 어렵다고 생각하지 말고 일종의 놀이 혹은 역할극이라 생각하면서 가능한 한 즐기기를 바란다. 우리는 그 놀이에 당신과 항상 함께 있을 것이다.

　당신의 마음이 평온해지기를,

당신이 안전함과 편안함을 느끼기를,

당신이 치유와 평화를 경험하기를,

당신이 행복하기를 바란다.

코르넬리아 슈바르츠 & 슈테판 슈바르츠

감사의 말

지난 30년간 세미나에 함께했던 모든 참가자들에게 감사드린다. 우리는 참가자들의 반짝거리는 눈과 내면을 단련하기 위해 열정을 쏟는 모습을 볼 때마다 새로운 행복을 느낀다. 참가자 여러분들의 멋진 경험들은 우리에게 매일 영감을 주고 삶을 살아가는 동력이 된다.

우리를 옆에서 지켜봐주시고 도와주신 모든 선생님들께 감사를 전한다. 군들 쿠체라 박사님은 내(코르넬리아) 안에 있는 잠재력을 알아봐주시고 일깨워주셨다. 그리고 만프레드 귀어스 선생님은 처음부터 나(슈테판)의 멘토가 되어주셨다. 그 밖에 로베르트 딜츠 박사님을 비롯해서 신경 언어학, 교류 분석,

게슈탈트 치료 등 많은 분야의 전문가 선생님들께 감사드린다. 최고의 전문가들에게 배울 수 있었던 행운이 오늘날까지도 이어지고 있다.

그리고 카타리나 페스트너 편집장님에게 특별히 감사하다고 전하고 싶다. 항상 우리의 맹점을 잘 짚어주시고 눈을 뜨게 해주셨다. 그리고 피드백과 가감 없는 조언을 통해서 이 책이 세상에 나올 수 있게 도와준 크리스티네에게 마음에서 우러나는 감사를 드린다.

코르넬리아 슈바르츠 Cornelia Schwarz

잘못된 언어 표현으로 일어나는 수많은 오해와 다툼을 없애고 상대방과 건설적으로 대화하는 법을 연구하는 상담치료사이다. 사람들의 무의식적인 행동을 조직화하여 상대방에게 언어 표현을 더 효과적으로 전달할 수 있도록 돕는 'NLP(신경 언어 프로그래밍, Neuro-Linguistic Programming)' 코칭 기법을 바탕으로 상담을 진행하고 있으며, 30년째 '비즈니스에서의 NLP', '수사학과 프레젠테이션' 등 자기계발에 중점을 둔 교육 프로그램을 개발하고 있다.

슈테판 슈바르츠 Stephan Schwarz

심리학자이자 교육학자이며 NLP 상담치료사이다. 코르넬리아와 함께 오랫동안 CEO와 고위직 간부들을 대상으로 조직의 발전을 위한 효율적인 소통법에 대해 코칭하고 있다. 이 경험을 바탕으로 개인 코칭에서도 좋은 성과를 이뤘다. 심리학, 행동 연구, 신경생물학의 최신 연구에 기반을 두고 고안한 '공감적 미러링(empathic mirroring)'을 핵심 전략으로 삼아, 자신의 목표를 상대방과 조율해서 실현해나가는 건설적인 대화법을 사람들에게 소개하고 있다.

서유리

국제회의 통역사로 활동하다 얼떨결에 출판 번역에 발을 들인 후 그 오묘한 매력에 빠져 아직도 헤어 나오지 못하고 있다.

옮긴 책으로는 『당신의 어린 시절이 울고 있다』, 『우연은 얼마나 내 삶을 지배하는가』, 『내 옆에는 왜 이상한 사람이 많을까?』, 『내가 원하는 남자를 만나는 법』, 『공간의 심리학』, 『당신의 과거를 지워드립니다』, 『내 남자 친구의 전 여자 친구』, 『사라진 소녀들』, 『상어의 도시』, 『카라바조의 비밀』, 『언니, 부탁해』, 『관찰자』, 『타인은 지옥이다』, 『당신의 완벽한 1년』 등 다수가 있다.

당신은
타인을
바꿀 수 없다

1판 1쇄 발행 | 2020년 6월 15일
1판 5쇄 발행 | 2021년 1월 5일

지은이 | 코르넬리아 슈바르츠, 슈테판 슈바르츠
옮긴이 | 서유리
발행인 | 김태웅
기획편집 | 박지호, 이주영
외부기획 | 민혜진
디자인 | design PIN
마케팅 총괄 | 나재승
마케팅 | 서재욱, 김귀찬, 오승수, 조경현, 김성준
온라인 마케팅 | 김철영, 임은희, 김지식
인터넷 관리 | 김상규
제 작 | 현대순
총 무 | 안서현, 최여진, 강아담, 김소명
관 리 | 김훈희, 이국희, 김승훈, 최국호

발행처 | (주)동양북스
등 록 | 제2014-000055호
주 소 | 서울시 마포구 동교로22길 14 (04030)
구입 문의 | 전화 (02)337-1737 팩스 (02)334-6624
내용 문의 | 전화 (02)337-1739 이메일 dymg98@naver.com

ISBN 979-11-5768-627-8 03180

이 도서의 국립중앙도서관 출판예정도서목록(CIP)은 서지정보유통지원시스템 홈페이지(http://seoji.nl.go.kr)와
국가자료종합목록 구축시스템(http://kolis-net.nl.go.kr)에서 이용하실 수 있습니다.
(CIP제어번호:CIP2020021051)